G Felix

Drei Worte an das deutsche Volk

G Felix

Drei Worte an das deutsche Volk

ISBN/EAN: 9783743351516

Hergestellt in Europa, USA, Kanada, Australien, Japan

Cover: Foto ©ninafisch / pixelio.de

Manufactured and distributed by brebook publishing software (www.brebook.com)

G Felix

Drei Worte an das deutsche Volk

Drei Worte

an

Das deutsche Volk.

Von

Dr. G. Felix.

Regensburg, New York & Cincinnati.
Papier, Druck und Verlag von Friedrich Pustet.
1871.

Erstes Wort
über den Liberalismus.

Erstes Wort
über den Liberalismus.

Eine schwierigere Aufgabe kann kaum gestellt werden, als wenn man Jemanden bewegen soll, das zu hassen, was das verführte Herz liebt, das zu verachten, was der getäuschte Verstand hochschätzt, das aufzugeben, was alle Leidenschaften umfangen, das hinauszuwerfen, was, wie das Blut in den Adern das leibliche Leben, so in allen Verhältnissen das ganze gesellschaftliche Leben trägt, und bewegt, gegen dasjenige sich mit ganzer Kraft zu erheben, vor welchem das erschreckte Gemüth zurückscheut.

Eine solche Bewandtniß hat es mit dem Liberalismus, der seit Jahrzehnten die Herzen berückt, der die Vernunft gefangen genommen, der alle Leidenschaften in Feuer und Flammen versetzt, der sich des Reichthums, des Adels, der Ehrenstellen bemächtiget, der in Kirche und Staat so viel Herrliches in Ruinen vor sich niedergeworfen hat, der fast in allen Reichen der Erde die Alleinherrschaft führt, und die ganze Welt unterjochen will. Der Liberalismus ist es, dem ein Theil der Menschheit aus Habsucht huldiget, den ein anderer Theil aus Genußsucht liebt, für den noch ein Theil aus Ehrsucht und Herrschsucht schwärmt, und vor dem der größte Theil, in's Sklavenjoch gebeugt, Bewunderung heuchelt, oder in feiger Furcht erzitternd schweigt.

Wer wollte es nun wagen, gegen diesen Liberalismus anzukämpfen? Und wer es wagte, was für eine Waffe stünde ihm zu Gebote? Es liegt ja bereits Alles in seiner Gewalt. Aber so lange noch nicht die ganze Menschheit hinter Schloß und Riegel schmachtet, bleibt noch das Wort, und das Wort ist eine Waffe, der keine andere gleicht. Wer sollte es aber wagen, auch nur das Wort gegen ihn zu erheben? Und welches Wort hätte die Kraft, den Allgewaltigen zu schlagen? Doch, je größerer Muth erfordert wird, dieses Wort zu ergreifen, und je unmöglicher der glückliche Erfolg erscheint; desto ruhmvoller wäre der Sieg, desto reizender ist der Kampf. Welch ein Triumph, dieses furchtbare Ungethüm von der Kraft der Rede gebändiget, diesen Dämon unter den wuchtigen Schlägen vernichtender Beweisführung von dem Throne seiner Weltherrschaft heruntergestürzt, diesen neuen Gott von dem mächtigen Strome der Beredtsamkeit erfaßt, von Land zu Land geschleppt, in das Meer der Vernichtung und Vergessenheit hinausgeworfen, und in den bodenlosen Tiefen der Ewigkeit begraben zu sehen!

Ein unsinniges Wagniß, wirst du sagen, geliebtes Volk! und ein sich selbst überschätzendes Vermessen! Aber wodurch hat der Liberalismus sich die Thore der Welt eröffnet? Durch das Wort. Wodurch hat er sich die Wege in die Menschenherzen gebahnt? Durch das Wort. Wodurch hat er sich der Wissenschaft, der Kunst, des Handels, der Herrschaft bemächtiget? Durch das Wort. Wodurch knechtet er Fürsten und Völker? Durch das Wort. Wodurch knebelt er die Vernunft, den Willen, das Gewissen? Durch das Wort. Wodurch führt er den Vernichtungskrieg wider die Erde und wider den Himmel? Durch das Wort. Wodurch hat er sich auf den Thron des lebendigen Gottes erhoben, und zwingt er nun seine Irrlehren an die Stelle der göttlichen Wahrheit, seine unsittlichen Gesetze an die Stelle der göttlichen Heiligkeit, seine Knechtschaft an die Stelle der Freiheit der Kinder Gottes, seine unglückseligen Genüsse an die Stelle der himmlischen Seligkeit der armen Menschheit auf? Durch das Wort. Herrscht er also durch das Wort, so kann und muß er auch durch das Wort gestürzt werden.

Denn sein Wort ist das Wort der Lüge, und muß vom Worte der Wahrheit geschlagen werden; sein Wort ist das Wort des Verbrechens, und muß vom Worte der Tugend zu Schanden gemacht werden; sein Wort ist das Wort der Ungerechtigkeit, und muß vom Worte der Gerechtigkeit verurtheilt werden; sein Wort ist das Wort des Verderbens, und muß vom Worte des Heiles zerstäubt werden; sein Wort ist das Wort des Krieges Aller gegen Alle, und muß vom Worte des Friedens vernichtet werden; sein Wort ist das Wort des Todes, und muß vom Worte des Lebens verschlungen werden.

Zudem ist ja der Verstand des Menschen für die Wahrheit, der Wille für die Tugend, das Gewissen für die Gerechtigkeit, das Herz für die wahre Glückseligkeit, die menschliche Gesellschaft für den Frieden, die Menschheit für das Leben bestimmt; somit hat das Wort, welches den Liberalismus stürzen soll, die ganze Natur der Menschheit für sich.

Wer daher die Wahrheit der Lüge, die Tugend dem Verbrechen, die Gerechtigkeit der Ungerechtigkeit, das Heil dem Verderben, den Frieden dem Kriege, das Leben dem Tode für sich, für seine Familie, für seine Gemeinde, für sein Volk, für die Menschheit vorzieht, und sich selbst auch nur als Mensch behaupten will; der muß dieses rettende Wort sprechen, und wenn es gesprochen wird, hören, und nach seinen Kräften, nach seiner Stellung, nach seinem ganzen Einflusse in eben so rettende Thaten umsetzen.

Wenn nun auch ich dieses Wort spreche, so erfülle ich nur eine Pflicht, die Jedermann obliegt; und wenn du, g. V.! dieses Wort hörest, so erfüllst auch du nur eine Pflicht, die Jedermann bindet; und wenn wir Alle nach diesem Wort handeln, so ist auch dieß nur eine Pflichterfüllung, wie sie unser Verstand, unser Wille, unser Gewissen, unsre Ehre, unser zeitliches und ewiges Wohl von uns fordern. Dieses Forderniß aber ist in dem Satze ausgesprochen:

Der Liberalismus muß aus unserer Mitte hinausgeworfen werden; denn dieß ist eine gebieterische Nothwendigkeit, und kann mit leichter Mühe geschehen.

Daß der Liberalismus aus unserer Mitte hinausgeworfen werde, ist eine gebieterische Nothwendigkeit; denn er ist ein ganz unberechtigter Eindringling, der jeder Wahrheit Hohn spricht, jedes Recht mit Füßen tritt, alle Freiheit zerstört, die ganze Wohlfahrt vernichtet, und der gemeinsame Feind der Menschheit und der Gottheit ist.

Der Liberalismus ist ein Frembling, wie schon sein Name Zeugniß gibt. Er stammt aus fremdem Lande, aus fremdem Volke, aus fremder Sprache, aus fremdem Wesen; er ist durch und durch Frembling. Und welch ein Frembling! Er stammt aus dem Reiche der Todten, und seine Wiege ist das Grab. Sein Ursprung liegt im todten Römervolke, und die todte Sprache dieses Volkes ist der Leichnam, aus welchem ein nachgebornes Volk ihn als solche Mißgestalt gebildet hat, daß sie selbst das todte Volk, könnte es einen Augenblick noch aufleben, nicht nur nicht als Blut von seinem Blute und als Gebein von seinem Gebeine anerkennen, sondern als Barbarenbrut verabscheuen würde. Und diese Mißgestalt solltest du mit deinem Bürgerrechte beehren? Dieser fremde Name, der nur Fäulniß und Moder ausdünstet, sollte unsere herrliche Sprache entehren? Sollte ferner noch unsere deutsche Zunge quälen? Sollte länger noch unsere deutschen Lippen verzerren? Sollte weiter noch unser deutsches Ohr verletzen? Wäre dieß nicht eine Schmach, welche keine Zeit zu tilgen vermöchte?

Oder bedarfst du vielleicht dieses Fremblings? Ist er dir nothwendig? Er besitzt gar nichts, was du nicht schon in allem Ueberflusse zuvor besäßest. Ist er dir nützlich? Er ist als Mißgeburt nicht einmal des Lebens fähig. Kann er sich mit dir auch nur vertragen? Sein ganzes Wesen widerspricht, und widerstrebt so sehr dem ganzen deutschen Wesen, daß keine Zeit und keine Macht ihm auch nur Einen Zug des deutschen Charakters aufzuprägen vermögen. Ist er dir wenigstens nicht schädlich, nicht verderblich? Aus dem Tode geboren kann er nur den Tod erzeugen. Willst du also mit dem Liberalismus den Keim des Todes in das frische, kräftige Leben deiner Sprache, und ver=

mittelst der Sprache in das frische, kräftige Leben deiner Kinder pflanzen? Willst du einen solchen Frembling in deiner Mitte dulden? Willst du ihm das Volksrecht, das Bürgerrecht, das Hausrecht zuerkennen? Du erwiederst mir mit Entsetzen: Ewig nimmer!

Aber der Liberalismus ist nicht bloß ein Frembling; er ist ein Eindringling. Denn wer hat ihn in's Land gerufen? Welcher Fürst? Welcher Volksstamm? Welche Gemeinde? Welches Haus? Welcher deutsche Bürger? Es nennt sich kein deutscher Mann, und man kennt keinen deutschen Mann, der ihn gerufen hätte. Oder ist er auch nur auf offener Straße, mit offenem Gesichte über unsere Grenze geschritten? Wie ein Giftmischer demjenigen, den er haßt, und verderben will, aber im offenen Kampfe nicht bewältigen kann, den tödtenden Stoff bei vertraulichem Mahle in die köstlichste Speise legt; so hat der Erbfeind des deutschen Volkes den Liberalismus unter dem Verschlusse der verschiedenen Waaren angeblicher Bildung in unser Vaterland eingeschmuggelt, und in alle Länder und Städte, in Paläste und Hütten, bis in die entlegensten Thäler der Gebirge entsendet. Es hat ihn Niemand gesehen, Niemand gekannt, bis er uns auf einmal, wie ein altangesessener Bürger, ohne Scheu und Rücksicht, überall entgegentrat.

Und wie unverschämt und gewaltthätig war sein Auftreten! Er maßte sich sogleich an allen öffentlichen Orten das leitende Wort an; er bemächtigte sich des herrschenden Tones in den Tagesblättern; er schuf das eitle, aber sehr wirksame Schreckbild der öffentlichen Meinung; er drang in die Familien, in die Werkstätten, in die Gemeindehäuser, in die Wahlversammlungen, in die Landtagssäle, in die Reichstagspaläste, in die Schulen ein; er wußte einflußreiche und maßgebende Stellen mit Männern seiner Farbe zu besetzen; er erdrückte jede seinen Grundsätzen entgegenstehende Ansicht; er umstellte die Throne, und umschnürte die Fürsten mit seinen Gesinnungsgenossen, und trennte sie von ihren Völkern; er löste alle Bande der bisherigen gesellschaftlichen Ordnung, und will jetzt auf deren Trümmern einen Umbau und Neubau aufführen, der das Gepräge seiner todtenfarbigen Mißgestalt an sich trägt, und in den alle altererbten Eigenthümlichkeiten der Völker hineingepreßt werden sollen, wenn auch Mark und Leben darunter dahinschwindet. Denn wo gibt es noch ein Glied unserer Völkerfamilie, das unter diesen gewaltsamen Umwälzungen nicht leidet, nicht seufzt, nicht laut jammert, nicht um sein allseitiges Wohl, nicht um sein Dasein zittert? Und diesen Eindringling willst du, g. V.! noch länger ertragen, noch weiter gewähren lassen, dich noch nicht gegen ihn erheben, ihm noch nicht das grausige Handwerk legen, ihn noch nicht aus deiner Mitte entfernen, verbannen, hinauswerfen?

Oder hatte er vielleicht ein Recht, in unser theures Vaterland einzudringen? Er kann dafür weder das Geburtsrecht, noch das Erbrecht, noch das Besitzrecht, noch das Bürgerrecht, noch das Völkerrecht in Anspruch nehmen; und wenn ihm alle Völker Erde, Feuer und Luft versagen, kann er auch dagegen kein Recht geltend machen; denn er hat nicht einmal das Recht, überhaupt zu sein. Denn selbst sein Dasein ist ein Unrecht, welches das Recht der Todten, wie das Recht der Lebendigen beeinträchtiget, weil er eine Mißgestalt ist, welche die Natur der Todten, von welchen er genommen ist, an sich zerstört hat, von der Natur der Lebendigen aber, unter welchen er haust, nichts an sich trägt; sondern die Todten wie die Lebendigen entehrt, und wie ein lebendiger Tod, oder ein todtes Leben das Reich der Lebendigen und das Reich der Todten verwirrt, und verwüstet. Der Liberalismus ist daher ein ganz unberechtigter Eindringling, der nicht nur hinausgeworfen, sondern vernichtet zu werden verdient.

Aber wie hat er sich denn in die Stellung versetzt, in welcher wir ihn erblicken, und zugleich verwünschen? Durch die Lüge, durch den Betrug und durch die Heuchelei. Denn vor Allem ist er in sich eine große Lüge, ganz Lüge. Denn die alte Römersprache, jener Leichnam, aus welchem der Liberalismus entstanden, war, als er in der Blüthe seines Lebens stand, ein herrliches Gebilde, und jenes Glied, welches den Grundstoff zum Liberalismus liefern mußte, war in seinem lebendigen Kerne das

Schönste, Edelste und Erhabenste, was jenes Gebilde besaß. Denn das Wort Liberalitas bedeutete in jener Sprache einen Freigebornen, edle Gesinnung und Denkungsart, Biedersinn und Ehrlichkeit, Gutmüthigkeit und Gütigkeit, gefälliges Betragen und Wohlanständigkeit, Freigebigkeit, Pracht und Herrlichkeit. Dieses herrliche Wort ist nun in das Wort Liberalismus verwandelt; und was bedeutet dieses Wort? Wir wissen es, wir hören es, wir sehen es, wir fühlen es, wir durchleben es nur allzusehr. Findet man an ihm auch nur die geringste Spur von jenem so bewunderungswürdigen Inhalte? Ist er nicht in seinem ganzen Wesen alles Gegentheil? Und dennoch deckt er dieses ganze Gegentheil mit dem schönen Glanze der Ruinen des alten Wortes, daß alle Welt ihm glauben soll, er sei die alte Liberalitas. Ist dieß nicht Lüge? nicht Betrug? nicht Heuchelei? und zwar in seinem ganzen Wesen?

Wie sein Wesen, ist naturnothwendig und in der That auch sein Wirken beschaffen. Er hat alles bisherige Wissen als verdummende Finsterniß hingestellt, und das neue Licht nie gekannter Aufklärung angekündet; und sieh' da! wir sind nun genöthiget, uns um unser menschliches Wesen zu wehren, damit er uns nicht zu vernunft- und willenlosen Affen macht. Er hat die Bildung und Erziehung der Kirche als Entwürdigung der Menschheit gebrandmarkt; und sieh da! wir sehen uns nun in das Zeitalter des Faustrechtes und des Barbarenthums versetzt. Er hat alle bestehenden Verhältnisse als faule Versumpfung verschrieen, und den allseitigen Fortschritt angerühmt; und sieh da! wir haben in der Verwilderung und in allen Verbrechen so reißende und so gewaltige Fortschritte gemacht, daß die Kerker die Missethäter nicht mehr fassen, und der ehrliche Mann seiner Habe und seines Lebens nicht mehr sicher ist. Er prahlt mit der den Gipfel des Hochmuthes bezeichnenden und sinnlosen Anmaßung: Wir stehen auf der Höhe der Zeit; wodurch er Alles, was ihm nicht huldigen will, mit Verachtung in den Staub tritt; und sieh da! wir liegen in dem bodenlosen Abgrunde allseitiger Erniedrigung, Auflösung, Zerstörung und Hilflosigkeit. Er hat Freiheit, Gleich=

heit, Brüderlichkeit und einen ewigen Frieden versprochen; und sieh da! wir sind bereits frei von allem Guten, und gefesselt und geknebelt von allem Uebel, gleich aber sind wir Alle nur darin, daß wir die erdrückende Last desselben Sklavenjoches seiner Gewaltherrschaft tragen müssen, während Mißvergnügen, Unruhe, Untreue, Mißtrauen, Wortbruch, Meineid, falscher Eidschwur, Haß, Zwietracht, Ehrabschneidung, Verleumdung, Zank, Streit, Aufruhr, Empörung, Krieg Bürger, Familien, Gemeinden, Völker, die Menschheit zerfleischen, und ganz Europa in ein stehendes Heerlager umgewandelt ist. Er hat endlich ein neues, goldenes Zeitalter des allseitigen Wohlstandes und eines so beseligenden Glückes verheißen, daß die Menschen aller Ansprüche auf die ewige Glückseligkeit des Himmels leicht entbehren könnten; und sieh da! die Theuerung aller Lebensmittel hat schon Tausende dem Hungertode überliefert, die Grund- und Geldsteuer Hunderttausende um Haus und Hof gebracht, Betrug und Wucher, Diebstahl und Raub Familiengüter, Reichsgüter, Kirchengüter verschlungen, und die Blutsteuer Millionen von Männern, die Blüthe und Kraft der Völker, in's frühe Grab geworfen, seitdem der Liberalismus die Geschicke der Völker lenkt. Das sind seine großen und welterschütternden Lügen, Betrügereien und Heucheleien. Wollte ich in das Einzelne eingehen, ich würde an kein Ende kommen. Fasse ich aber Alles kurz zusammen, so muß ich sagen: Es kommt kein wahres Wort aus seinem Munde; und da dessen Zunge niemals ruht, und auch unzählige andere Zungen ohne Unterlaß in Bewegung setzt, so hat sich die Thatsache festgestellt: Wir leben im Zeitalter der Lüge. Der Liberalismus hat den alten deutschen Spruch: „Ein Wort, ein Mann!" verdrängt, und den Grundsatz der Hölle an seinen Platz gesetzt: „Meine Freunde! Die Lüge ist eine sehr gute Sache, wenn sie zu unserem Zwecke dient; darum muß man lügen, aber nicht nur dann und wann und furchtsam, sondern immer und keck; lügen, wie der Teufel. Lüget, meine Freunde, lüget. Glaubt man auch nicht Alles, so bleibt doch immer Etwas hängen."[1]

---

[1] Voltaire, Lettre à M. Damilaville.

Das ist der Grundzug des Vaters der Lüge, des Feindes der menschlichen Natur, und dadurch erweist sich der Liberalismus als dessen echtes und wahres Gezücht, das bewirkt hat, daß, was einst der deutsche Handschlag vermochte, jetzt der feierlichste Eidschwur, ein im Namen der allerheiligsten Dreifaltigkeit abgeschlossener Vertrag nicht mehr vermag.

Wie der Vater der Lüge es nicht damit bewenden läßt, nur zu lügen, sondern auch die Wahrheit zur Lüge stempeln will; so auch der Liberalismus. Denn er hat den Dingen Namen gegeben, welche das Gegentheil derselben, oder etwas ganz Anderes bedeuten, den Namen Bedeutungen untergestellt, die sie nicht haben, zu diesem Zwecke aber Worte gewählt, welche mit ihm denselben Ursprung, dieselbe Natur und dieselbe Mißgestalt theilen, und so alle Begriffe verkehrt; daß man sich kaum mehr verständigen kann, ohne vorerst um den Sinn zu fragen, welchen Jeder dem Worte unterlegt, das er gebraucht. So nennt er, um nur einige Beispiele anzuführen, den Umsturz alles Bestehenden Civilisation, die Zügellosigkeit, welche keine Autorität und kein Gesetz mehr anerkennt, Emancipation, den Länderraub Annexion, den Gottesraub Säkularisation, jedes vollbrachte Unrecht ein Recht der Thatsache; und zugleich beansprucht er mit diesen Namen die Berechtigung für alle diese Ungerechtigkeiten.

Der Liberalismus hat das Heiligthum der Wissenschaft auf das Straßenpflaster hinausgeworfen, und die Kunst zum Handwerke erniedriget; jeden Holznagel aber und jede Nähnadel mit dem Ehrenkranze der Wissenschaft und Kunst umwunden, und dadurch diese beiden hehren Himmelsgaben der Verachtung überliefert. Der Liberalismus hat jede Würde und Hoheit durch seine unwürdigen und niedrigen Geschöpfe, die er mit denselben bekleidet, jede irdische Auszeichnung, die er an seine feilen Helfershelfer verschwendet, und selbst die höchste Majestät der bürgerlichen Gesellschaft, die er für seine frevelvollen Zwecke mißbraucht, in den Staub getreten. Der Liberalismus hat durch seine Ungerechtigkeiten der Obrigkeit das Ansehen, durch seine Willkür dem Gesetze die Kraft, durch seine Gottlosigkeit dem Eidschwure die Heiligkeit, durch seine beständigen Wühlereien und Umwälzungen jeder Ordnung die Grundlage geraubt. Der Liberalismus hat jede Tugend verhöhnt, jedes Laster gehätschelt, und läßt jene im Elende verschmachten, dieses aber mit aller Sorgfalt pflegen. Der Liberalismus hat jede natürliche Wahrheit, auf welcher die bürgerliche Gesellschaft ruht, und von der sie zusammengehalten wird, vernichtet, und dadurch die bürgerliche Gesellschaft selbst in Trümmer geschlagen; nebenbei aber brüstet er sich als den Träger der Wissenschaft, als das Licht der Aufklärung, als den Hort der Bildung, als den Förderer des Fortschrittes, als die Stütze der Ordnung, als den ehrlichsten Mann der Welt, maßt sich die Herrschaft über alle Bildung und Erziehung an, und erläßt darüber Gesetze, denen sich Alle fügen müssen; der Lügner! der Betrüger! der Heuchler!

Er wußte aber, daß die bürgerliche Gesellschaft sich wieder erheben könnte, und wieder erheben würde, wenn ihr noch die kirchliche Gesellschaft, die göttliche Heilsordnung zur Seite stünde; daher machte er sich auch an die Zerstörung dieses Gottesbaues auf Erden. Er leugnete frech jede geoffenbarte Wahrheit, und reihte sie unter die Erfindungen der Dichter; er erklärte die göttlichen Wunder für eben so viele Fabeln; er leugnete die Gottheit Jesu Christi; er entchristlichte die öffentliche Gesellschaft, die Familie und die Schule, und führte dadurch den dreifachen Todesstoß gegen das Reich Gottes auf Erden; er behandelt in den entgegengesetzten Religionsbekenntnissen den Irrthum und die Wahrheit als gleichberechtigt, gewährt den Andern Rechte, die das Recht der Einen verkümmern, und opfert sie alle seinem eigenen Willkürsrechte; er stellt sich selbst auf den Boden der Religionslosigkeit; er bekennt sich dadurch offen und entschieden zur Gottlosigkeit, und hat somit auch die ewige und unendliche Wahrheit aufgegeben. Er ist der Gegner und Feind aller Wahrheit. Gleichwohl aber maßt er sich die Herrschaft über alle Religionsgenossenschaften an, und erläßt Religionsgesetze, welchen sich alle Gewissen beugen sollen. Er fordert von Jedermann unbedingten Glauben an seine Lehren, unbedingte Unterwerfung unter seine

Aussprüche, unbedingte Hingabe mit Hab und Gut, mit Blut und Leben an seine Interessen, und Niemanden ist es mehr gestattet, anders zu handeln, anders zu reden, anders zu fühlen, anders zu denken, anders zu leben, als er es für gut und recht findet. Er hat sich selbst an die Stelle aller Wahrheit gesetzt, und fordert, daß in ihm alle Lüge alle Wahrheit werde. Wer ihm widerspricht, und sich widersetzt; der wird dem Hasse und dem Spotte, der Verfolgung und der Gewaltthätigkeit preisgegeben, und in der bürgerlichen Gesellschaft geächtet. Es gibt kein Wort der Lächerlichkeit, des Spottes, der Schmach, des Hohnes, der Verachtung, das er der Wahrheit nicht in's Gesicht geschleudert, und es gibt nichts in der Welt, womit er der Lüge nicht gehuldiget hätte. Er lästert die Wahrheit als Lüge, als Betrug, als Heuchelei, und verherrlichet die Lüge, den Betrug, die Heuchelei als Wahrheit. Nun aber gibt es kein schrecklicheres Verbrechen, als wenn der Mensch den Menschen im Irrthume unterrichtet, im Irrthume heranzieht, im Irrthume festhält, und im Irrthume zu leben und zu sterben zwingt. Denn ist der Verstand, das Licht des Lebens, der Wahrheit entfremdet, und vom Irrthume gefesselt; dann ist jede Geisteskraft und deren Thätigkeit, dann ist jede äußere Handlung, welche aus dem inneren Geiste hervorgeht, dann ist das ganze Leben des Menschen dem Irrthume verfallen, dann irrt der ganze Mensch, und dann muß er nothwendig unglücklich werden für die Zeit und Ewigkeit. Wie lange noch wirst du also, g. V.! mit deiner gesunden Vernunft, mit deinem ehrlichen Willen, mit deinem guten Gewissen, mit deinem ganzen Glücke ein so verbrecherisches Spiel treiben lassen?

Der Liberalismus ist durch die Lüge, durch den Betrug, durch die Heuchelei zur Herrschaft gelangt, und er behauptet sich in seiner Herrschaft durch die gewaltthätigste Ungerechtigkeit, in der er jedes Recht mit Füßen tritt. Das ist das weitere Verbrechen des Liberalismus an der armen Menschheit.

Nach der Lehre des Glaubens und der Vernunft wie nach der Natur der Sache gibt es auf der Erde kein unbeschränktes und unabhängiges Recht. Dieses ist ewig, unveränderlich und unveräußerlich, liegt ausschließlich im Besitze Gottes, und ist eigentlich der Wille Gottes. In wiefern dieser Wille Gottes dem vernünftigen Geschöpfe vermittelst des natürlichen Lichtes der Vernunft bekannt wird, heißt er Naturrecht. Dieses umfaßt Alles, was der vernünftigen Natur entspricht, oder widerspricht; es befiehlt das Gute, inwiefern es die vernünftige Natur Gott, sich selbst und dem Nächsten schuldig ist, und verbietet Alles, was an sich böse ist. Auch dieses Naturrecht ist ewig, unveränderlich und unabhängig, eben weil es nichts anderes, als der dem Menschen durch das natürliche Licht der Vernunft geoffenbarte Wille Gottes ist. Nebstbei gibt es ein von Gott auf übernatürliche Weise geoffenbartes Recht, welches die übernatürliche Heilsordnung des Menschen zum Gegenstande hat, im alten Testamente und im neuen Testamente oder Evangelium enthalten ist, und das göttliche Recht genannt wird. Dieses zweifache Recht ist selbstverständlich über jedem menschlichen Rechte erhaben, und darf von diesem nicht angetastet, nicht verletzt werden. Daher ist auch jedes Recht, das gegen dieses doppelte Recht verstößt, ein Unrecht, das Gott selbst zugefügt wird. Dann gibt es ein kirchliches oder kanonisches Recht, welches der von Christus durch das Evangelium gegründeten, und vom heiligen Geiste geleiteten Kirche zukommt, die Leitung der Kirche und das ewige Heil der Seelen zum Gegenstande hat, über jedem andern bloß menschlichen Rechte erhaben ist, und demselben unantastbar gegenüber steht; so, daß jede Verletzung desselben ein Unrecht ist, und niemals ein Recht werden kann. Es gibt ferner ein bürgerliches Recht, welches die allgemeine zeitliche Wohlfahrt der menschlichen Gesellschaft zum Gegenstande hat, und weil von den zeitlichen Interessen die ewigen Interessen des Seelenheiles niemals beeinträchtigt werden dürfen, niemals das kirchliche, göttliche und ewige Recht verletzen kann, ohne Unrecht zu werden. Das bürgerliche Recht ist also durch das kirchliche, göttliche und ewige Recht, das kirchliche Recht ist von dem göttlichen und ewigen Rechte beschränkt. Es gibt endlich Volksrechte, welche durch die Rechte anderer Völker, Gemeinderechte, welche durch die Rechte anderer Gemeinden, Hausrechte, welche durch die Rechte anderer Häuser, und persönliche Rechte, welche durch die Rechte anderer Personen beschränkt sind; ebenso ist das Privatrecht durch das allgemeine Recht beschränkt, inwiefern nämlich das allgemeine Beste dem Privatwohle vorgezogen werden muß. Diese Beschränkung aber wird durch die Gesetze geordnet, welche in diesen verschiedenen Rechten ihre Begründung haben. Die ewige und göttliche Gesetzgebung ist unbeschränkt und unantastbar; die kirchliche Gesetzgebung ist durch die göttliche Gesetzgebung und durch die Schranken ihrer Gerichtsbarkeit, welche sich nicht über das Gebiet des Seelenheiles und der Regierung der Kirche erstreckt, beschränkt; die bürgerliche Gesetzgebung ist durch die ewige, göttliche und kirchliche Gesetzgebung und ihre Gerichtsbarkeit, welche sich nicht über das Gebiet des allgemeinen zeitlichen Wohles und der bürgerlichen Ordnung erstreckt, beschränkt. Das ist die göttliche Weltordnung, die niemals ohne Unrecht und ungestraft verletzt werden kann. Was hat nun der Liberalismus gethan, und was thut er alle Tage?

Sollte man es für möglich halten, daß Jemand sich gegen diese göttliche Weltordnung erhebe, oder dieselbe sich selbst anmaße? Der Liberalismus hat sich der bürgerlichen Gesetzgebung bemächtiget, und, indem er sich auf den Standpunkt der Gottlosigkeit und Religionslosigkeit gestellt, das ewige und göttliche Recht sammt der ewigen und göttlichen Gesetzgebung, das kirchliche Recht sammt der kirchlichen Gesetzgebung geleugnet, und beseitigt, maßt sich das unbeschränkte Recht und die unbeschränkte Gesetzgebung an, und nennt in diesem Sinne den von ihm beherrschten Staat „das verkörperte Recht," neben dem es kein anderes gibt, und den „Rechtsstaat," außer welchem kein Recht besteht, seine Gesetze „das öffentliche Gewissen," außer welchem kein anderes in Anspruch genommen werden darf. Dadurch hat er sich gegen Gott und gegen die Kirche empört, und die göttliche Weltordnung zerstört, aber dabei vergessen, daß sofort jedes Recht, das er gegen Gott und gegen die Kirche übt, ein gottesräuberisches Unrecht, und jedes Gesetz, das er gegen die göttlichen und kirchlichen Gesetze erläßt, ein gottesräuberisches, ungerechtes, und deßhalb ungültiges Gesetz sei, das Niemanden verbinden kann. Und wie viele solche Rechte übt er nun? Wie viele solche Gesetze erläßt er? Und für die Anerkennung dieser Rechte und für die Beobachtung dieser Gesetze fordert er unbedingten Eidschwur! Ueber den Widerstand verhängt er Geld- und Freiheitsstrafen! Er will die Menschen zwingen, das Unrecht für Recht zu halten, und das Unrecht als Recht auch auszuüben. Daher die Verwirrung, die Unordnung, die Zerstörung in der Rechtsordnung, in der Gesetzgebung, in dem Gewissen, in der bürgerlichen und kirchlichen Gesellschaft. Er zerstört alle göttlichen Rechte.

Weil sich der Liberalismus das unbeschränkte Recht und die unbeschränkte Gesetzgebung aneignet, und weder Gott noch die Kirche anerkennt; darum achtet er auch kein anderes Recht mehr. Er beraubt die Kirche ihres Besitzthumes und ihres Besitzrechtes, verwandelt Kirchen und Klöster in Theater, Ställe, Kasernen, Zuchthäuser, oder macht sie dem Erdboden gleich, schleppt die Bischöfe, die Priester, die Mönche und Nonnen vor seine Gerichte und in seine Kerker, oder schickt sie, von Allem entblößt, in die Verbannung, oder überläßt sie der Wuth des durch ihn großgezogenen, und mit dem Hasse Gottes und alles Heiligen erfüllten, wüthenden Pöbels. Er zerstört alle kirchlichen Rechte.

Ist das Ansehen der göttlichen und kirchlichen Autorität vernichtet, und die Ehrfurcht vor Gott und der Kirche untergraben; so gibt es auf Erden keine weltliche Majestät und keine Unterthänigkeit mehr. Nun nimmt der Liberalismus den Fürsten ihre Rechte und ihre Macht von Gottes Gnaden, und läßt ihnen noch den Schein von Volkes Gnaden, das sie nach Belieben aus dem Lande jagt, andere oder keine mehr an deren Stelle setzt, sich eine Regierungsform gibt, wie es dem Liberalismus beliebt, und Zustände schafft, wie sie bei allen Völkern, welche von der Erde verschwunden sind, in der letzten, Alles zersetzenden, Periode vor ihrem Untergange eingetreten waren. Er zerstört alle fürstlichen Rechte.

Mit ihren rechtmäßigen Fürsten gehen auch die Völker zu Grunde. Das ist der Fluch der Verletzung des vierten Gebotes. Der Ruin des einen Volkes zieht aber auch den Ruin des andern nach sich. Der Liberalismus achtet das Recht des Nachbarvolkes nur insofern und nur so lange, inwiefern und wie lange ihm die Macht fehlt, es zu überfallen, und zu unterdrücken; besitzt er die Macht, dann nimmt er Land und Leute weg, um seine Gränzen abzurunden, oder Alle von gleicher Sprache unter seiner Herrschaft zu vereinigen. An die Stelle des Völkerrechtes hat er das Faustrecht gesetzt.

Beherrscht er zufällig Völker von verschiedener Abkunft und Sprache, von verschiedenen Ländern, Sitten und Gebräuchen, mit verschiedenen uralten Rechten; so beugt er sie alle gleichmäßig unter dasselbe eiserne Joch seiner Gewaltherrschaft, und erdrückt unter dessen Wucht jedes Landes- und Nationsrecht.

Er nimmt sich das Recht, Bedingnisse und Hindernisse für die Gültigkeit der Ehe aufzustellen, und entkleidet sie des sakramentalischen und kirchlichen Charakters; er reißt den Eltern und der Kirche die Kinder- und Jugenderziehung aus der Hand, und übergibt sie jenen, die zu seiner Fahne schwören. Er zerstört das erste und kostbarste Familienrecht.

Er hebt die Rechte und Verpflichtungen zwischen den Grundherren und Grundholden auf, zerreißt die Stiftbriefe und Testamente der Todten, und zieht deren Hinterlassenschaften an sich. Er belastet das Vermögen, die Länder, die Wohnungen, die Einrichtungen, die Personen mit solchen Abgaben, daß Tausenden auch das nicht mehr übrig bleibt, was zur Fristung des Lebens nothwendig ist, besteuert selbst das Almosen für die Priester, Armen, Wittwen und Waisen, und mißbraucht dieses Blutgeld zu seinen verbrecherischen und verderblichen Zwecken. Er streckt seine Polypenarme nach jeder geistigen und materiellen Bewegung seiner Bürger aus, und schnürt sie unter seine Allgewalt und Allbeherrschung zusammen, daß der ganze Staatskörper zu einer Maschine wird, die nur seine Seele bewegt. Er verletzt auch jedes Privatrecht.

Das ist der Rechtsstaat, welchen der Liberalismus geschaffen hat; ein Staat, der alle Rechte mit Füßen tritt. Die Folge dessen aber ist, daß immer Wenigere wissen, was Recht und Unrecht sei, und die Ungerechtigkeiten jeder Art von Tag zu Tag überhandnehmen, wie wir es vor unseren Augen sehen. Ein heidnischer Dichter hat gesagt: „Von den Himmlischen hat Asträa zuletzt die Erde verlassen;" er wollte sagen: Wo die Gerechtigkeit verschwunden, ist jede Tugend verschwunden, und das Volk von Gott aufgegeben. Oder verdient ein solches Volk etwas Besseres? Und ist dieses Volk nicht dasjenige, welches den Liberalismus in seiner Mitte duldet? Und bist nicht auch du ein solches Volk? So öffne endlich die Augen, und sieh, wohin dich der Liberalismus führt, und wirf ihn aus deiner Mitte hinaus, wenn nicht auch du das Schicksal deines Nachbarvolkes theilen willst, das eben unter den Schlägen des Liberalismus verblutet, von dem es genährt, und großgezogen, und bis in das innerste Mark vergiftet worden ist.

Wo es aber kein Recht mehr gibt, da gibt es auch keine Freiheit mehr. Dennoch hat der Liberalismus die Stirne, aller Welt die Freiheit zu verheißen, die Gewissensfreiheit, die Redefreiheit, die Preßfreiheit, die Gewerbefreiheit, die Lehr- und Lernfreiheit, die Religionsfreiheit, alle nur mögliche Freiheit zu gewährleisten, in den sogenannten Grundgesetzen seiner neuen Staatenbildung feierlichst zu verkünden, zu beschwören, und beschwören zu lassen, nachdem er den Gehorsam gegen Gott, gegen die Kirche, gegen die rechtmäßigen Fürsten als eine die Menschheit entwürdigende Knechtschaft verlästert, und der Welt verhaßt gemacht, sich selbst aber und seine Herrschaft als den Stern der Erlösung aus allen Fesseln und als die Sonne aller Freiheit angerühmt hatte. Kaum hatte er aber die Schranken der göttlichen Weltordnung und der kirchlichen Heilsordnung, die eigentlich nur ihm lästig, und für seine Zwecke hinderlich waren, zerbrochen; kaum sah er sich im Besitze der angemaßten unumschränkten Gewalt: als er auch schon alle Freiheit ausschließlich nur für sich in Anspruch nahm, und jede andere Freiheit mit nie gesehener Gewaltthätigkeit zertrümmerte; denn eine gewaltthätigere Tyrannei kann es

nicht geben, als die Vernichtung aller Rechte, wie er sie durch=
geführt hat. Die Kirche hat nur mehr die Freiheit, sich ver=
höhnen, verfolgen, berauben, vernichten zu lassen. Die Völker
haben nur mehr die Freiheit, ihr Hab und Gut in den boden=
losen und darum immer leeren Staatssack zu werfen, und sich
selbst auf die Schlachtbank barbarischer Kriege schleppen zu lassen.
Die Gemeinden haben nur mehr die Freiheit, nebst dem Antheile
an diesem Elende der Kirche und der Völker, sich schutzlos von
Landstreichern, Dieben, Brandstiftern Tag und Nacht quälen,
und in allen Lebensbedingnissen fortwährend bedrohen, und ge=
fährden zu lassen. Die Familien haben nur mehr die Freiheit,
ihre männlichen Glieder als Steuer= und Waffenträger dem
Staate zu liefern, und die weiblichen Glieder dem geistigen und
materiellen Elende zu überliefern. Jeder Staatsbürger hat nur
mehr die Freiheit, zu thun, zu reden, und fast nur mehr zu
denken, was dem Liberalismus gefällt; erlaubt er sich etwas
Gegentheiliges, so ist er von allen Aemtern und Würden aus=
geschlossen, im Handel und Gewerbe geächtet, und dem sichern
Verderben verfallen. So ist denn unter der Herrschaft des
Liberalismus alle Freiheit verschwunden, und die unerträglichste
Knechtschaft an deren Stelle getreten.

Doch was sage ich? Um dem Liberalismus kein Unrecht
zuzufügen, muß ich bekennen, daß es niemals eine Freiheit ge=
geben habe, wie sie unter dem Liberalismus herrscht. Denn
frei ist die Gotteslästerung und die Beschimpfung alles Heiligen,
und jede Strafe für dieselbe ist aus dem Gesetzbuche gestrichen;
frei ist der Unglaube, der Irrthum, die Unsittlichkeit, welche
überall ihre Lehrkanzeln und ihre Werkstätten aufschlagen können;
frei ist die Lüge, die Ehrabschneidung und Verleumdung gegen
ehrenhafte Personen und gegen ganze ehrwürdige Körperschaften,
und den Beschädigten ist es gegönnt, zweifelhaften und höchst ab=
schreckenden öffentlichen Schwurgerichtsverhandlungen sich zu unter=
ziehen, um sich auch da noch verhöhnen zu lassen; frei ist der Wucher
jeder Art, welcher den Bürgern die letzten Reste des Wohlstandes
herauspreßt, und das Reich unter unerhörten Schuldenlasten erdrückt;

frei ist, und unter dem Schutze seiner Gesetze steht, neben der christlichen Familie die wilde Ehe mit ihren öffentlichen Aergernissen und verheerenden Folgen für das ganze Menschengeschlecht; frei ist die Lehre von jeder Fessel der Wahrheit, der Religion und der Sittlichkeit, und frei sind die Lernenden von jeder Schranke der Zucht und des Gehorsams; frei sind die Erzeugnisse der Presse, die öffentlichen Belustigungen und Schaustellungen von jedem Gesetze der Ehrbarkeit und des Anstandes; frei sind die Gewerbe von jedem Schutze und von jeder Ordnung; frei sind die Gewissen von jedem äußern Antriebe zur Beobachtung der göttlichen und kirchlichen Gebote; frei sind alle Leidenschaften von jedem Zügel der Einschränkung. Der Liberalismus gewährt alle Freiheit, die Religion, den Glauben, die Tugend, die Unschuld, die ganze Sittlichkeit zu zerstören, und fesselt alle Wirksamkeit der Kirche, dagegen zu arbeiten und ihre göttliche Sendung zu erfüllen. Das ist „die freie Kirche im freien Staate". Darum singt Jung und Alt: „Ein freies Leben führen wir"; und für den Preis einer solchen Freiheit kann man ja alle Rechte opfern; sie ist das Paradies auf Erden!

G. V.! wie ist dir denn zu Muthe bei dieser Freiheit! Was wird denn aus deinen Kindern werden? Wohin werden deine geistigen und materiellen Güter kommen? Was wird das Loos unseres schönen Vaterlandes sein? Welche Zukunft harrt denn unser? Was wird aus Europa werden? Ich denke mit Schauder an die einst so blühenden christlichen Reiche von Asien, welche in die alte Barbarei zurückgesunken, an die einst so herrlichen christlichen Provinzen von Afrika, welche wieder in das alte Sklabenthum zurückgefallen sind; und, stünde das ewige Rom nicht in Europa, würde ich keinen Augenblick zweifeln, daß wir dem Schicksale der Wilden in den Wüsten Amerikas entgegengehen. Denn sehen wir von Religion und Sittlichkeit ab, so unterscheidet sich unser Leben von dem Leben der Wilden nur dadurch, daß wir durch unsere Wissenschaften und Künste, durch unsere Handwerke und Gewerbe, durch unseren Landbau und Handel, durch unsere Erziehung und Bildung, durch unsere gesellschaftlichen Verhältnisse mehrere und ausgesuchtere Bedürfnisse zu schaffen, und dieselben auf eine durchtriebenere Weise zu befriedigen, und zu verlängern verstehen, als sie, dabei aber weit mehrere und peinvollere Selbstüberwindungen, Beschränkungen, Entbehrungen und Leiden aller Art uns auferlegen müssen, ohne daß wir dadurch selbst besser, edler, vollkommener, oder glücklicher werden. Denn die Leidenschaften, die Laster, die Verbrechen, die allseitigen Verheerungen irreligiöser und unsittlicher Europäer gehen über jene der Wilden gerade so weit hinaus, als ihre übrige Bildung der Wildheit jener Naturmenschen voransteht. An Wissenschaft und Kunst und Industrie thut es dem Satan kein Sterblicher gleich; und dennoch bleibt er ewig ein Satan.

Und in der That! je länger und je unumschränkter der Liberalismus die Herrschaft führt, desto mehr zerstört er alle Güter der Menschheit. Je mehr ein Volk von Gott und von der Kirche Gottes losgerissen wird, desto weniger genießt es von den übernatürlichen Gnadenschätzen der Religion; und hat es sogar den Glauben an die ewige Vergeltung verloren, so ist ihm damit alle Hoffnung für die Zukunft abgeschnitten, und alle Furcht vor einer ewig waltenden Gerechtigkeit genommen: daraus aber entwickelt sich für die Unglückskinder die Verzweiflung, die sich bis zum Selbstmorde steigert, für die Glückskinder aber der Uebermuth, welcher sich im Uebermaße sinnlicher Genüsse ertränkt. Diese doppelte Erscheinung hat mit der Herrschaft des Liberalismus begonnen, und nimmt täglich in erschreckender Weise zu. Mit den Schätzen der Religion schwinden auch die Güter der Tugend und Unschuld, und überschütten die Laster und Verbrechen die Menschheit mit Schmach und Verderben. Die Unschuld und Tugend aber sind dem Liberalismus unbekannte Dinge, und als Laster und Verbrechen erkennt er nur jene Thaten an, welche seine Interessen beschädigen; ja, sein ganzes Walten geht darauf hinaus, die Unschuld und Tugend schon im Keime, schon in der Jugend und in der Kindheit zu verderben, das Laster und Verbrechen aber allen Klassen der Gesellschaft zugänglich zu machen, und allenthalben nach Kräften zu fördern. Daher denn auch das nie gesehene Sittenverderbniß unserer Zeit, dem nichts mehr heilig, ehrwürdig und unverletzlich ist. Wie aber die Gerechtigkeit ein Volk erhebt, so macht die Sünde die Völker unglücklich[1]), nicht nur wegen ihrer alles zerstörenden Natur, sondern auch wegen des Fluches und der Züchtigung, welche der gerechte Gott über dieselbe verhängt, die aber der Liberalismus in seiner Blödigkeit als Naturereignisse und Fügungen des Schicksals erklärt, oder seinen Gegnern in die Schuhe schiebt, damit ja kein Mensch mehr an etwas Höheres denke, als was er mit seinen fünf Sinnen wahrnimmt, und er selbst auch durch das von ihm geschaffene Unglück noch mehr gewinne. Und so sehen wir seit langer Zeit das Elend der Völker mit ihrer moralischen Verkommenheit wachsen. Der Liberalismus ist es, welcher alle religiösen und sittlichen Güter der Menschheit zerstört. Er raubt ihr aber auch alle natürlichen Güter.

Denn unter den natürlichen Gütern nimmt den ersten Platz die Wahrheit ein, und auf diese hat jeder vernünftige Mensch, auch das Kind, den rechtlichsten Anspruch, den ihm Niemand schmälern darf. Wie steht es nun mit der Wahrheit und deren Mittheilung? Der Liberalismus hat alle Schulen an sich gerissen. Wird nun in denselben die Wahrheit, und nichts als Wahrheit, und alle Wahrheit gelehrt, wie es die Natur der Schulen und Universitäten fordert? Der Abfall von der Wahrheit und der Haß gegen die Wahrheit in denen, welche da gebildet worden, geben Zeugniß. Welche Bürgschaft bietet der Liberalismus? Keine Bürgschaft für die Wahrheit, jede Bürgschaft aber für alle möglichen Irrthümer. Besitzt etwa er selbst alle Wahrheit, und ist er in der Erkenntniß und Mittheilung derselben unfehlbar? Er, der selbst die Lüge ist, und nur lügen kann? Oder stellt er solche Lehrer an, welche diese Eigenschaften besitzen? Ungläubige, Irrgläubige, Juden, Leute, die in dem Menschen nur einen Affen sehen, bezahlt er mit unserem Gelde, daß sie unsere Kinder unterrichten. Oder hat er einen verläß-

---

[1]) Prov. c. XIV. v. 34.

lichen Wächter und Hüter darüber aufgestellt? Er hat sich selbst an die Stelle derer gesetzt, die allein sichere Bürgschaft leisten könnten; er, der weder von Gott, noch von der Kirche, noch von der Natur, noch von der menschlichen Gesellschaft die Sendung dazu hat; der auch keine Befähigung dafür besitzt; der überdieß alle Elemente entfernt, und ausgeschlossen hat, welche berufen, und befähiget wären. Und dieser Erstgeborne des Vaters der Lüge, dieser Feind aller Wahrheit soll uns die Wahrheit lehren? Er hat die erste Wahrheit überall verbannt; er hat die ungetrübte Quelle der Wahrheit verstopft; er hat die unfehlbare Wächterin und Schützerin der Wahrheit verdrängt; er hat dem Unglauben und dem Irrthume Thür und Thor geöffnet; er benützt eben die Schulen, um die ganze Menschheit mit seinen irrigen und verderblichen Grundsätzen zu durchsäuern. Wenn deine Kinder, g. V.! dennoch Etwas von der Wahrheit hören, so ist es sicher nicht der Liberalismus, dem sie es verdanken.

Ein kostbares Gut der Menschheit ist die Ruhe, der Friede, ohne welchen nichts gedeiht, und jedes Gut gefährdet wird. Nun aber hat, seitdem der Liberalismus zur Herrschaft gelangt ist, ein Krieg dem andern, eine Empörung der andern die Hand gereicht; verbannte Fürsten, unterdrückte Völker, geraubte Länder, verwüstete Provinzen, verbrannte Städte und Dörfer, erschöpfter Wohlstand, ungeheure Schulden, Millionen Leichen schreien in ganz Europa zum Himmel um Rache gegen den Liberalismus; die zerrissene öffentliche Ordnung, die alle Leidenschaften aufregenden und entflammenden neuen Einrichtungen, welche keinen Menschen befriedigen, und alle beunruhigen, das beständige Drängen und Hetzen, Jagen und Rennen nach Gewinn und Genuß, das Sorgen und Bangen, das Zittern und Beben vor Verlust und Verderben, das beständige Schwanken und die fortwährende Unsicherheit der öffentlichen Zustände reizen und spannen alle Nerven, halten die ganze menschliche Gesellschaft in fieberhafter Aufregung, und veranlassen jährlich wieder Tausende, Europa zu verlassen, und in fernen Welttheilen eine bessere Heimath zu suchen. Wir leben auf grollenden Vulkanen, die von Zeit zu Zeit verheerende Feuerströme auswerfen, und jeden

Augenblick den Bestand aller Dinge bedrohen. Alle diese Vulkane hat der Liberalismus geschaffen.

Eine Grundbedingniß der menschlichen Gesellschaft ist der Schutz der Person und die Sicherheit des Eigenthums, und dieser Schutz, diese Sicherstellung ist recht eigentlich die Aufgabe des Staates. Wie steht es nun in dieser Beziehung, seitdem der Liberalismus des Staatsruders sich bemächtiget hat? Die Völker Europa's starren in Waffen, weil kein Reich dem andern traut. Eine Nation steht der andern feindlich gegenüber, weil jede für die eigenen Rechte und Freiheiten fürchtet. Die einzelnen Staaten sind in Parteien zerrissen, von welchen die eine die andere befehdet, und unterdrückt. Der Schwindel im Handel und Gewerbe und das Spiel mit dem Gelde haben eine solche Verrottung der Zustände herbeigeführt, daß ein Ruin dem andern folgt, und der Reichste nicht weiß, wann er zum Bettler werde; da das ganze öffentliche Wirthschaftsgebäude schon lange in allen seinen Fugen kracht, den Einsturz droht, und nur noch künstlich zusammen gehalten wird. Zum Kirchen- und Gottesraube wird ungestraft öffentlich aufgefordert, und er wird auch vor aller Welt ungestraft vollzogen. Im gewöhnlichen Leben vergeht fast kein Tag, an dem man nicht von Diebstählen, Raub und Todschlag hört, und der Mord hat sich bis zum Gattenmorde, bis zum Kindermorde, bis zum Elternmorde, bis zum Priestermorde verwildert. Ist es ja der Liberalismus selbst, der solche Grundsätze verbreitet, solche Zustände herbeigeführt hat, und im großen und größten Maßstabe daran fortarbeitet! Nebenbei hat er aber auch dafür gesorgt, daß sogar die schwersten Verbrecher keine Todesstrafe mehr zu erdulden haben, und auf Kosten der ehrlichen Bürger herrliche Paläste bewohnen, sich reichlich nähren und alle Bequemlichkeiten genießen können, weil er, wie er es offen ausgesprochen hat, dadurch für sich und seine Leute Vorsorge treffen wollte, wenn etwa einmal die vergeltende Gerechtigkeit auch ihn erreichen würde. Daher befinden wir uns in einem Auflösungs- und Zersetzungsprozesse, vor dem nichts mehr sichern Bestand hat. Dennoch gibt es auch unter Solchen, die noch besitzen, nicht Wenige, welche dem Liberalismus huldigen, und nicht einsehen wollen, daß sie dadurch an dem eigenen Untergange arbeiten.

Von den materiellen Gütern zu reden, finde ich für überflüssig. Denn die ungeheure Verschuldung der Staaten, die Verarmung aller Völker, die Schaaren brod- und arbeitsloser Unglücklicher, welche die Länder durchziehen, gehäufte Verbrechen, welche in der Verzweiflung an der Erhaltung des Lebens ihren nächsten Grund haben, die Heere von Krankheiten, welche der Mangel an nöthiger Wohnung, Kleidung und Nahrung hervorbringt, und die im Allgemeinen geschwächte Natur und frühe Sterblichkeit der Menschen, welche in dem ungeordneten und überangestrengten Leben ihre Wurzel haben, schreien so laut, und erheben so entsetzliche Anklagen gegen den Liberalismus, daß sie schon Niemand mehr überhören kann. Der Liberalismus hat alle Wissenschaft und Kunst, alle Kräfte der Menschen und der Natur in den Sold des zeitlichen Erwerbes genommen, und damit einzelne Geldmächte geschaffen, und sich selbst gemästet, die Völker aber in Armuth und Elend versenkt; und ein großer Theil der europäischen Bevölkerung thut in den Fabriken Sklavendienste, die weit härter und erniedrigender sind, als diejenigen der Schwarzen auf den Länderstrecken der Sklavenhalter und Sklavenhändler aus der Vorzeit Amerika's. Wirst du diese Sklaverei, g. V.! so lange dulden, bis der Liberalismus, anstatt der Lastthiere, deinen Nacken unter das Joch beugt, und dich an den Pflug spannt? Der Liberalismus hat alle Güter der menschlichen Gesellschaft verschleudert, vergeudet, zerstört, und ist der Todfeind der Menschheit.

Um ihn als unsern Todfeind zu schildern, genügt es, zu wiederholen, was ich bisher gesagt habe. Denn kann es einen allgemeineren und verderblicheren Feind geben, als derjenige ist, welcher uns alle Rechte entzieht, alle Freiheit raubt, die Ruhe und den Frieden zerstört, jeden Schutz für die Person, jede Sicherheit für das Eigenthum vernichtet, und uns um alle zeitlichen Güter bringt? Das hat der Liberalismus gethan. Kann es einen lügenhafteren, betrügerischeren und heuchlerischeren Feind geben, als derjenige ist, welcher, während er also raubt, zerstört und vernichtet, stets die Freiheit, das Recht, das Volkswohl im Munde führt, und die ganze Welt zu beglücken sich prahlt? Das hat der Liberalismus gethan. Kann es einen gewaltthätigeren und grausameren Feind geben, als derjenige ist, welcher nicht nur alle zeitliche Wohlfahrt verwüstet, sondern der unglücklichen Menschheit auch alle Tröstungen der Religion aus dem Herzen reißt? Auch das hat der Liberalismus gethan. Kann es einen verwünschenswertheren und fluchwürdigeren Feind geben, als derjenige ist, welcher uns an Leib und Seele, für die Zeit und Ewigkeit unglücklich zu machen, mit allen Mitteln und aus allen Kräften bemüht ist, und uns selbst, unsere Kinder, unser Eigenthum dazu mißbraucht? Dieser Feind ist der Liberalismus. Er ist der Todfeind der Menschheit; er ist aber auch der Todfeind Gottes selbst.

Er hat dem Reiche Gottes auf Erden, der heiligen Kirche, den Krieg erklärt, ihr das zeitliche Eigenthum, diese Gaben der Frömmigkeit, diese Vermächtnisse der Todten, diese Gott und dem Gottesdienste, dem Unterhalte Gott geweihter Personen und der Regierung und Ausbreitung der Kirche Gottes geweihten Heiligthümer an sich gerissen, die Tempel Gottes, die heiligen Mauern der Klöster und die geweihten Grabstätten der Todten entehrt, an verschiedenen Orten selbst das göttliche Sakrament durch öffentliche Gewaltthätigkeiten verhöhnt, für die göttlichen Geheimnisse, für die göttlichen Einrichtungen, für das göttliche Priesterthum, für das göttliche Opfer neue Namen des Spottes und des Hohnes erfunden, die öffentliche Lästerung Jesu Christi, des Sohnes Gottes, und seines göttlichen Evangeliums in Wort und Schrift und Bild durch alle Länder ausdrücklich bewilliget, und der Verhinderung sich durch seine Macht und durch sein Ansehen widersetzt. Er hat den Kirchenstaat und die Stadt Rom geraubt, hält den Papst im Vatikan gefangen, drückt dort der Kirche den Dolch in das Herz, und hat damit die sittliche und materielle Grundlage der göttlichen Weltordnung zugleich zerstört. Aus dem Munde seiner Anhänger hört man das wilde

Geschrei: „Tod den Priestern! Tod dem Papste! Nieder mit der Religion! Hinaus mit Gott! Es lebe Satan! Es lebe die Hölle!" Ist es nicht, als hätte die Hölle sich über die Erde ergossen? Ist es nicht, als hätte sich Luzifer in dem Liberalismus verkörpert, um unter dieser Maske seine ganze Wuth gegen das ihm so verhaßte Menschengeschlecht auszulassen, und dasselbe nicht nur in seinen übernatürlichen Interessen zu Grunde zu richten, sondern auch in seiner Natur zu verwüsten und zu zerstören, und in der Menschennatur, in welcher er das Ebenbild Gottes haßt, auch den erbittertsten Verheerungskrieg gegen Gott selbst zu führen! Wer kann da noch zweifeln, daß der Liberalismus, im engsten Bunde mit der Hölle, der geschworene Feind nicht nur der menschlichen Natur, sondern auch des allmächtigen Gottes sei?

Aber eben darin, so entsetzlich und schaudervoll es ist, liegt zugleich ein großer Trost und der festeste Grund der Hoffnung für uns, dieses furchtbare Ungethüm mit leichter Mühe aus unserer Mitte, aus der Welt hinauszuwerfen.

Denn, da er der gemeinsame Feind Gottes und der Menschheit ist, so hat die Menschheit im Kampfe gegen ihn Gott selbst zum Bundesgenossen. Gottes Allwissenheit durchschaut seine Lüge, seinen Betrug, seine Heuchelei, und kennt auch seine geheimsten Pläne und Absichten, so sehr er sie durch schöne und gleißnerische Worte zu verbergen sucht. Gottes unendliche Weisheit verfolgt seine unterirdischen Maulwurfsgänge, und begleitet ihn in der pfiffigsten Verfolgung seines endlichen Zieles. Gottes Allmacht hält alle seine Bewegungen in ihrer Hand, und überläßt sie nicht einen Augenblick ihrer Unabhängigkeit. Gottes unendliche Vorsehung hat für sein ganzes Wüthen und Toben das bestimmte Maß gegeben, das er nicht überschreiten, die bestimmte Linie gezogen, über welche er nicht hinausgehen, und den bestimmten Zeitpunkt festgesetzt, den er nicht überdauern kann. Gottes unendliche Liebe und Barmherzigkeit wendet alle seine Verheerungen zum Besten seiner Auserwählten, von welchen er selbst sagt: „Niemand wird sie aus meiner Hand reißen"[1]). Gottes unendliche Gerechtigkeit züchtiget durch den Liberalismus die Sünden seiner gutwilligen Kinder wie ein Vater, straft durch ihn die verstockte Bosheit seiner Feinde als Richter, wirft die züchtigende Ruthe, wenn er den Zweck der Besserung erreicht hat, in das Feuer, läßt den Blitzstrahl seines Zornes, wenn die Bosheit vernichtet ist, erlöschen, und zwingt so den Liberalismus, gegen dessen Absichten, der Vollstrecker seiner weisesten und heiligsten Anordnungen zu sein. Damit wir also dem Plane der göttlichen Vorsehung in Bezug auf den Liberalismus entsprechen, diesen Todfeind nöthigen, in allen seinen Verwüstungen zu unserm Besten zu arbeiten, und möglichst bald uns vom Halse schaffen; müssen wir uns selbst prüfen, sehen, in wieweit wir ihn vor Gott verschuldet haben, diese Schuld in Reue und Demuth tilgen, vor neuen Verschuldungen uns bewahren, und mit Geduld und Vertrauen harren, bis Gottes Gericht über ihn ergeht, und seinem frevelhaften Treiben ein Ende macht. Dieß fordert, und erwartet Gott von uns, und zu diesem Zwecke hat Gott dem Liberalismus Macht gegeben. Thun wir dies nicht, nun so hoffen wir vergebens; denn so lange der Himmel zürnt, ist der Erde Thun umsonst. Je länger wir dieß verschieben, desto später wird uns geholfen werden. Je früher und ernstlicher wir aber dies thun, desto eher wird Gott sich erbarmen, desto eher wird die Herrschaft des Liberalismus gebrochen, und seine Macht vernichtet werden. Dieses Mittel führt ganz unfehlbar zum Ziele; ohne dasselbe bleibt jedes andere wirkungslos, und umsonst ist Jammer und Klage, umsonst jeder Zorn und jede Verwünschung, umsonst jede Rede und jede That, umsonst jeder Kampf und jedes Opfer, umsonst selbst jedes Gebet. Wahre Umkehr und Bekehrung zu seiner Kirche, zu seiner Wahrheit, zu seinem Gesetze, zu seiner Heilsordnung, und ein nach seinem heiligsten Willen geordnetes Leben fordert Gott, und muß Gott fordern; und er fordert damit unser Heil. Ist dieß nun, g. B.! ein zu theurer Preis für unsere Erlösung aus den Händen unseres Todfeindes?

---

[1]) Joann. c. X. v. 28.

Gott wirkt aber nicht Wunder ohne Noth, und handelt gewöhnlich nicht unmittelbar und allein, sondern er will, daß auch der Mensch mit ihm in das Rettungswerk eingreife; das segnet der Herr, und begleitet es mit seinem Beistande; und so ist der Erfolg gesichert. Um nun zum Sturze und zur Vernichtung des Liberalismus auch von unserer Seite mitzuwirken, müssen wir ihn zuerst als den erkennen, der er ist, und als den Inbegriff alles Bösen und aller Uebel unserer Zeit innerlich verurtheilen, verabscheuen, und hassen. Bevor diese innere Ueberzeugung, diese Verurtheilung, dieser Abscheu und Haß sich überall Bahn gebrochen hat, kann an einen gemeinsamen äußern Widerstand und Kampf gegen ihn nicht gedacht werden. Daher ist es die Aufgabe Aller, die ihn kennen, diese Erkenntniß und Ueberzeugung zu verbreiten, dadurch seine Lügen, Betrügereien und Heucheleien zu entlarven, seine abscheulichen Grundsätze zu brandmarken, seine gleißnerischen Reden und Verheißungen auf die Wahrheit zurückzuführen, seine verbrecherischen Thaten in's rechte Licht zu setzen, und die von ihm geblendeten und gefesselten Geister ihm zu entreißen. Wo er einmal erkannt ist, da ist er auch geschlagen. Wenn ich nun dieß von jedem vernünftigen und ehrlichen Manne fordere, ist es, g. B.! zu viel für unsere Rettung?

Wie man denkt, und urtheilt, muß man auch sprechen, und, wie der Liberalismus lügt, der Wahrheit Ausdruck geben, nicht nur dann und wann und schüchtern, sondern allzeit, überall, offen, entschieden und beharrlich. Man muß ihm Alles in's Gesicht sagen, was er ist, was er beabsichtiget, was er seinen Reden für einen Sinn unterlegt, was er für Handlungen verübt, was für Folgen und Wirkungen aus denselben entstehen; man muß Alles bei dem rechten Namen nennen, welchen er durch andere Namen verdrängt hat; man muß die ganze Wahrheit sagen, und die ganze Wahrheit ihm so laut und so kräftig und so beständig in's Gesicht schleudern, bis es eine öffentliche Schande wird, dem Liberalismus zu huldigen; bis es einer Aechtung gleichkommt, ein Liberaler zu sein; bis es Niemandem möglich wird, vom Liberalismus irgend ein Zeichen wahrnehmen zu lassen.

So wird er seine Anhänger verlieren; hat er aber seine Anhänger verloren, dann ist er selbst verloren; so wird er durch das Wort gestürzt werden, wie er durch das Wort zur Herrschaft gelangt ist; so wird er durch die wahre öffentliche Meinung vernichtet werden, wie er durch die falsche öffentliche Meinung herrscht. So sprich denn, g. V.! und du bist vom Sklavenjoche frei.

Um aber dem Worte und der öffentlichen Meinung den gehörigen Nachdruck zu geben, muß man auch handeln. Denn der Liberalismus kennt kein Ehrgefühl, und er nimmt auch die ungeheuersten Vorwürfe, Beschuldigungen und Anklagen mit stoischer Gleichgültigkeit und mit dem selbstzufriedensten Lächeln hin. Er hat auch nicht das geringste Schamgefühl, und keine Spur von einem Gewissen; sondern er bleibt, wenn ihn auch alle Völker verwünschen, ganz ruhig auf seinem Posten, und führt sein Werk nur mit um so pfiffigerer und derberer Bosheit fort. Er muß mit den Faustschlägen vernichtender Thaten unschädlich gemacht werden. Und mit welchen Thaten? Sieh! g. V.! daß der Liberalismus Eingang fand, daß er zur Herrschaft gelangt ist, daß er die Welt regiert, und so lange regiert: daran liegt nicht die Schuld, wohl aber die ganze Ursache in dir selbst. Denn du hast ihn nicht nur aufgenommen, sondern bewundert, weil du zu gut und zu unverdorben warst, um unter der glänzenden Gestalt das abscheuliche Wesen zu vermuthen; du hast seinen Worten geglaubt, weil du zu ehrlich und zu redlich warst, um anzunehmen, man könne in Wort und Schrift, öffentlich und von Amtswegen und mit bezahltem Gelde lügen, und betrügen; du hast, von seinen Verheißungen irre geführt, seine Söldlinge in den Gemeinderath, in den Landtag, in den Reichsrath gewählt, sie auf solche Weise auf alle Verwaltungsposten befördert, mit aller Gewalt ausgerüstet, und zu deinen Gesetzgebern und Beherrschern gemacht. Willst du nun ihrer wieder los werden, so mußt du in den wiederkehrenden Fällen das Gegentheil thun. Alle deine Interessen, deine Selbsterhaltung fordern es, und es ist deine schwer verbindende Gewissenspflicht, von den Wahlen nicht fern zu bleiben, sondern an den-

selben dich bis auf den letzten Mann zu betheiligen, keinem
Liberalen, Keinem, der des Liberalismus auch nur verdächtig ist,
Keinem, den du nicht als entschiedenen Feind des Liberalismus
genau kennst, Keinem, der sich nicht bisher als einen Solchen
erwiesen, und erprobt hat, Keinem, dem nicht die Interessen
Gottes, der Religion, des Vaterlandes über Alles und selbst
über seine eigenen Interessen am Herzen liegen, Keinem, der den
Liberalismus nicht kennt, oder ihn fürchtet, oder auf beiden
Achseln trägt, oder mit Allen und um jeden Preis Frieden halten
will, deine Stimme zu geben; sondern nur wahrhaft gottes=
fürchtige, gewissenhafte, verständige, muthvolle, thatkräftige und
entschiedene Männer zu wählen, von welchen du sicher bist, daß
sie kein Opfer scheuen, um mit dem Liberalismus und seinem
Werke gründlich aufzuräumen, und die göttliche Weltordnung in
der Kirche und im Staate wieder herzustellen. Wer diese Pflicht
nicht erfüllt, ist ein Verräther an Gott, an der Kirche, an dem
Staate, an dem Fürsten, an dem Volke, an sich selbst, an seinen
Kindern, an der Vorzeit, Gegenwart und Nachwelt. Er hat
den ganzen Liberalismus auf seinem Gewissen. So handle denn
endlich, g. V.! und Alles ist gerettet.

Einen Haupthebel, sich in den Besitz aller Macht einzudrän=
gen, und eine Hauptstütze, sich in demselben zu behaupten, bot,
und bietet dem Liberalismus die Presse. Daher sein anfäng=
liches Geschrei nach der Freiheit der Presse; daher seine Unter=
stützung und Bestechung der Presse, nachdem sie frei geworden ist,
um sie seinen Zwecken dienstbar zu machen; daher seine Unter=
drückung der Presse ungeachtet der gewährten Freiheit, wenn sie
sich gegen sein Interesse erhebt; daher die Sündfluth liberaler
Tagblätter, Schriften und Bücher, welche Länder, Städte, Märkte,
Dörfer, öffentliche Plätze, Gasthäuser, Eisenbahnen, Dampfschiffe
überschwemmt, kein Haus, keinen Menschen verschont, alles Be=
stehende niederreißt, und jeden Gegner verschlingt, oder dem Li=
beralismus unterwirft. Diese liberale Presse kann aber nicht
bestehen, wenn sie nicht bezahlt wird; und wer bezahlt sie? Der
Liberalismus mit den Steuern, die er dir auferlegt, die ihm deine
Abgeordneten bewilligen, und zu diesem Zwecke zu verwenden er-

lauben; und du selbst, g. V.! bezahlest sie mit dem Gelde, um welches du diese Blätter, Schriften und Bücher kaufest. Du bezahlst also deinem Todfeinde die Waffen, mit welchen er dich und deine Kinder schlägt, verwundet, und tödtet! Ist es nicht ein ganz furchtbares Verbrechen, seine Mörder, die Mörder seiner Kinder, die Mörder seines Volkes für ihre Gräuelthaten zu bezahlen? Diese Presse ist eine öffentliche Giftmischerin, welche die tödtlichen Waaren des Liberalismus so zu bereiten weiß, daß sie dem Geschmacke jeder Leidenschaft zusagen, und überall Eingang finden, welche dieselben aber auch überall aufdrängt. Wer setzt sich zu Tische, wo vergiftete Speisen aufgetragen werden? Wer gestattet den Seinigen, auch nur die Orte der Giftmischer zu besuchen? Wer flieht nicht die Helfershelfer, welche diese Waaren feilbieten, verkaufen, oder auch verschenken? Sieh! das thust du, wenn du jene Orte besuchest, oder von den Deinigen besuchen lässest, wo die Erzeugnisse dieser Presse herumgeboten werden. Was verdient ein Giftmischer? Was muß mit dem Gifte geschehen? Was thut der, welcher jene unterstützt, und dieses selbst nimmt, Andere nehmen läßt, oder es seinen Mitbürgern darreicht? Meide, kaufe nimmer, und lies nicht mehr; dann ist der Liberalismus auch auf dieser Seite lahm gelegt.

Der Liberalismus hat einflußreiche Posten mit seinen Söldlingen besetzt, und läßt Niemanden aufkommen, der ihm nicht huldiget. Da gebietet nun die Nothwehr ein gleiches Verfahren von deiner Seite, g. V.! und du mußt ihm den gewonnenen Boden Schritt für Schritt abringen. Uebertrage ihm kein Amt, das von dir abhängt; gib ihm nichts zu verdienen; meide seinen Umgang; schließ ihn aus deiner Gesellschaft aus; verdränge ihn mit allen erlaubten Mitteln von seinem Einflusse; tritt ihm auf jedem Wege entgegen; vereitle ihm jedes Unternehmen; verfolge ihn in alle seine Schlupfwinkel; verstopfe ihm den Mund; binde ihm die Hände, und ruhe nicht, bis der Feind aus dem Lande hinausgeworfen ist, welcher weit gefährlicher und verderblicher ist, als ein feindliches Kriegsheer, das deine Fluren verwüstet, deine Städte und Dörfer verbrennt, deine Kinder tödtet, und dich zum Sklaven macht.

Sieh da, g. B.!- das ist Alles, was ich von dir fordere, um den Liberalismus hinauszuwerfen. Es ist so wenig, so leicht, und ohne alle Kosten ausführbar, daß du gewiß dich selbst darüber wunderst; und doch genügt es vollkommen, um den großen Zweck zu erreichen.

Nun sage mir Niemand, er möge sich um den Liberalismus nicht kümmern, und wolle sich in öffentliche Angelegenheiten nicht einmischen. Bequem und gemächlich mag dieß sein; aber es wäre dieß eine Unterlassungssünde, die weit schwerer und strafbarer sein würde, als wenn Jemand, während die ganze Stadt in Flammen steht, die Hände in den Schooß legt, und ruhig zuschaut, bis Alles und sein eigenes Hab und Gut in Asche gelegt ist. Brennt nicht die ganze Welt von dem zerstörenden Feuer, das der Liberalismus angelegt hat, und fortwährend schürt?

Kann etwa Jemand sich zurückziehen unter dem Vorwande, er habe keine Zeit, sich mit diesen Dingen abzugeben? Wodurch Alles auf das Spiel gesetzt ist, und ganz unfehlbar Alles zu Grunde geht, wenn nicht geholfen wird; für das muß Jeder die Zeit sich nehmen, sonst wird er bald für nichts mehr eine Zeit haben.

Es gilt auch die Entschuldigung nicht, man habe weder den Muth noch das Geschick, gegen diesen Goliath anzukämpfen; denn das gegen den Liberalismus zu unternehmen, was ich als erforderlich und vollkommen ausreichend bezeichnet habe, ist jedes Weib im Stande, und wer den Muth dazu nicht hat, der verzichte auf den Namen eines Mannes. Zudem machen die Sklaven des Liberalismus in jeder Ortschaft nur einen geringen Bruchtheil der Bevölkerung aus, und sind, wie verwegen und gewaltthätig gegen Furchtsame, ebenso feig und ohnmächtig gegen ein muthiges und tapferes Volk, besonders wenn sie für ihre Interessen in Besorgniß kommen.

Nur Unverstand und Trägheit kann einwenden, diesen Kampf sollen Andere übernehmen; denn sagte, und dächte Jeder so, dann würde Keiner sich erheben. Der Feind ist ein gemeinsamer; ge-

meinsam sind die Gefahren; gemeinsam ist der Schaden; gemein=
sam ist der Untergang; gemeinsam wird aber auch der Sieg, ge=
meinsam der Ruhm, gemeinsam das Heil sein. Daher muß auch
die Erhebung gemeinsam, und gemeinsam der Kampf mit verein=
ten Kräften unternommen werden. Das Werk des Einzelnen ist
klein und leicht; die Vereinigung Aller macht es groß, unwider=
stehlich, siegreich, bewunderungswürdig. Wenn nur hie und da
Einer sagt: Ich verachte, ich hasse dich! so hat dieß wenig oder
nichts zu bedeuten; wenn aber ein ganzes Volk es sagt, dann
ist es ein zerschmetterndes Wort. Wenn bloß hie und da Einer
erklärt: Ich dulde dich nicht länger! so hat dieß nicht viel zu
bedeuten; wenn aber ein ganzes Volk dasselbe erklärt, dann ist
dieß ein vernichtender Urtheilsspruch. Wenn bloß hie und da
Einer das Hausrecht verweigert, so kann man sich darüber leicht
trösten; wenn aber ein ganzes Volk dasselbe verweigert, dann ist
es eine unwiderstehliche Aechtung und Verbannung. Wenn bloß
hie und da Einer die Faust erhebt, so kann man ihr ausweichen,
oder sie zurückstoßen; erhebt sie aber ein ganzes Volk, dann ist
das Erliegen unter deren allgewaltigen Schlägen unausweichlich.
Alle müssen an's Werk, und Alles ist gewonnen.

Man hört oft den Kleinmuth und die Verzweiflung jam=
mern, man habe Vieles versucht und Jahre lang sich bemüht;
aber Alles sei ohne Erfolg geblieben, ja es sei immer noch ärger
geworden. Das Letztere ist wahr, das Erstere ist nur dann
richtig, wenn man sagt: Anfangs hat man gar nichts gethan,
später hat man kaum Etwas gethan, und nun in der allerletzten
Zeit, nachdem der Liberalismus schon im vollsten Besitze der
Macht war, und mit dem Zerstörungswerke in Staat und Kirche
bereits dem Ende naht, fing man an, sich zu sammeln, zu reden,
und Etwas zu thun; und wir haben gesehen, daß, wo nur Et=
was gesprochen, und gethan worden, der Liberalismus auch aus
dem Felde geschlagen wurde. Man thue Alles, und er wird ver=
nichtet werden.

Aber ist dieß nicht hart, grausam, unchristlich? Der Libera=
lismus weiß gar Viel von Liebe und Duldsamkeit zu schwätzen,

wenn es sich um seine Interessen handelt; hat aber keine Liebe und Duldsamkeit für Andere. Die geordnete Liebe unterscheidet zwischen der Natur und Schuld; die Natur liebt sie, die Schuld haßt sie. Wir lieben die Liberalen, und hassen den Liberalismus; wir lieben diese Personen, und hassen ihre Grundsätze, ihre Reden, ihre Thaten. Sie mögen den Liberalismus aufgeben, und wir werden sie als unsere Brüder umarmen. Und im Grunde ist es nur Liebe, wenn wir sie zwingen, sich von den Sklavenfesseln dieses allgemeinen Feindes der Menschheit loszumachen, da auch sie unter seiner Herrschaft nur unglücklich sein können. Man lege falsche Liebe und falsches Mitleid bei Seite, und vertilge den Liberalismus.

Da nun einerseits das Unheil, welches der Liberalismus angerichtet hat, so ungeheuer ist, daß wir bereits alle Freiheit eingebüßt, alle Rechte verloren haben, alle Güter gefährdet sind, der Untergang der Staaten und der Kirche bevorsteht, und ganz Europa auf dem Wege ist, in das Heidenthum und in die Barbarei zurückzusinken; andererseits die Rettungsmittel so leicht und Jedermann bei der Hand sind; daß ein Volk, welches dieselben dennoch nicht gebraucht, wahrlich kein besseres Schicksal verdient, als von dieser abscheulichsten Ausgeburt der Hölle verschlungen zu werden: so sehe ich nicht ein, wie Männer, welche Verstand haben, nicht thun sollten, was die Vernunft so dringend fordert; wie Männer, welche auf Ehre Anspruch machen, ablehnen könnten, was dieselbe so gebieterisch erheischt; wie Männer, welchen die Sorge für alle Güter der Menschheit anvertraut ist, für die Rettung und Wahrung derselben kein Wort, keine That, kein Opfer wagen dürften; wie Männer, in deren Händen das ganze Schicksal ihres Volkes liegt, so wenig oder gar keine Vaterlandsliebe besitzen sollten, daß sie an demselben so schmachvoll zu Verräthern werden könnten.

Müßten nicht die Apostel Deutschlands, welche uns die Wohlthaten des Christenthums gebracht, die heiligen Fürsten und Fürstinen, welche mit dem Glanze ihrer Tugenden unsere Throne geschmückt, die heiligen Bischöfe, Priester und Ordensleute, welche unsere Gauen mit ihrem Schweiße und mit ihrem Blute befruchtet, uns die Wissenschaften und Künste gelehrt, und uns glücklich gemacht, unsere biederen Vorfahren, welche Alles, was wir besitzen, oft mit den schwersten und langwierigsten Opfern vertheidiget, mit nie getrübter Ehrlichkeit und mit väterlicher Liebe für uns erhalten, und in deutscher Treue an uns vererbt haben, sich gegen uns als undankbare und entartete Söhne erheben, und unsere Feigheit und Treulosigkeit vor dem ewigen Richterstuhle des allmächtigen Gottes anklagen, wenn wir ihr heiliges und großes Erbe einem so feigen, so schwachen, so verächtlichen und erbärmlichen Feinde überliefern, und preisgeben würden? Die großen und theuern Todten rufen uns aus den Gräbern zu: Werfet den Liberalismus hinaus!

Blicket auf eure Frauen, und erwäget, daß der Liberalismus mit der Zerstörung der Religion, der sie ihre Freiheit, ihre Rechte, ihre Würde, ihre Tugenden, ihre segensreiche Wirksamkeit, ihr ganzes Glück verdanken, sie alles dessen beraubt, sie wieder zu Sklavinen entwürdiget, und zur Beute aller Leidenschaften macht, und vergesset nicht, daß durch ihr Unglück auch ihr unglücklich werdet; denn der Liberalismus hat den Grundsatz aufgestellt: Die Ehe ist ein rein bürgerlicher Vertrag; und diesem Grundsatze gemäß entkleidet er die Ehe des Sakramentes, entehrt sie zu einem bloß bürgerlichen Vertrage, um sie dann, wie er selbst keinen Vertrag hält, auch des Vertragsrechtes zu entkleiden, hernach zu vernichten, und endlich als ein Unrecht und eine Rechtsverletzung gegen Andere zu erklären; und euer ganzes Familienglück ist zerstört. Erbarmet euch eurer Frauen und eurer selbst, und werfet den Liberalismus hinaus.

Blicket auf eure Kinder, und bedenket, daß der Liberalismus die Schule entchristlichet, den Ungläubigen, Irrgläubigen, Juden und Heiden den Eintritt eröffnet, und die Lehrstühle zusichert, aus den Lehrbüchern jede Spur des Christenthums ausmerzt, das Gebet und selbst das Kreuzzeichen aus der Schule verbannt, allen Irrthümern und aller Unsittlichkeit Thür und Thor öffnet, ja selbst solche Uebungen eingeführt habe, daß nach dem

Erfahrungsurtheile der Aerzte unter hundert Schülern gewiß sechzig an ihrem Körper für ihr ganzes Leben geschädiget werden. Der Liberalismus hat die Schule in eine Anstalt geistigen und leiblichen Verderbens umgewandelt. Habet Mitleid mit der Unschuld, mit dem geistigen und leiblichen Wohle eurer Kinder; wenn ihr nicht wollet, daß sie euch, anstatt euch dankbar zu segnen, im Grabe noch fluchen, und werfet den Liberalismus hinaus!

Blicket auf euch selbst, und erwäget, wie ihr selbst von dem Liberalismus zu Grunde gerichtet werdet. Oder sehet ihr nicht, wie unter seiner Herrschaft euer Vermögen dahinschwindet, wie eure Häuser und Felder unter den immer wachsenden Lasten erdrückt, und jedes Schutzes und jeder Sicherheit beraubt werden? wie euere Dienstboten und Untergebenen aus Mangel an Religion und Gewissenhaftigkeit in der Widerspenstigkeit, in der Untreue, in der Ausgelassenheit immer weiter gehen, ihre Ansprüche und Forderungen immer höher spannen, zu Hunderten und Tausenden die Arbeit einstellen, um ihren Willen und ihre Forderungen durchzusetzen? wie ihr selbst um euer Ansehen, um eure Gewalt, um euer Recht gebracht, nicht mehr die Herren im Hause, sondern die Knechte Aller werdet, und nebenbei die Verantwortung für Alles habet? Erbarmet euch über euch selbst, und werfet den Liberalismus hinaus.

Endlich erinnere ich euch noch an eure beschimpfte und verfolgte und mißhandelte Religion, an eure entehrten Heiligthümer, an eure beraubte Kirche, an den gefangenen Statthalter Jesu Christi, an euren gelästerten Gott; soll da nicht Alle die gleiche Begeisterung erfassen, wie einst die treuen Engel des Himmels gegen Luzifer und seinen Anhang, um unter dem Rufe: „Wer ist wie Gott?" diese Ungeheuer wie einst vom Himmel, so jetzt von der Erde hinauszuwerfen, damit, was von dort geschrieben steht, auch von hier wahr werde: „Und ihre Stätte ward nicht mehr gefunden."[1]) Eifert für Gott, und werfet den Liberalismus hinaus.

---

¹) Apoc. c. XII. v. 8.

Kehret zu Gott und zur treuen Ausübung der Religion zurück, und macht euch Gott zum Bundesgenossen; erkennet die Scheußlichkeit des Liberalismus, und verfolget ihn mit unversöhnlichem Hasse; erhebet eure Stimme, und donnert ihn nieder; gehet ihm nach auf jeder Spur, und gestattet ihm kein Plätzchen mehr in der menschlichen Gesellschaft; hungert seine gottlose, menschenfeindliche und selbstsüchtige Presse aus; zerstöret sein Verheerungswerk: und ihr werdet eure Freiheit zurück erobern, eure Rechte wieder gewinnen, zu neuem Wohlstande gelangen, und wahrhaft glücklich sein in der Zeit und Ewigkeit. Das walte Gott! und ich habe dieses Wort nicht umsonst gesprochen.

Zweites Wort
über den Materialismus.

Zweites Wort
über den Materialismus.

Wenn wir von den ungeheuren und traurigen Ruinen, mit welchen der Liberalismus die europäische Menschheit überschüttet, und bedeckt, unsere Augen wegwenden, und auf die Werke hinrichten, welche er geschaffen, aufgerichtet, und befestiget hat; so ragt uns unter denselben als das ausgedehnteste, höchste und glanzvollste Gebäude der Materialismus entgegen.

In diesem Tempel versprach er alle Schätze und Reichthümer aufzuhäufen, von welchen alle Völker Wohlstand und Ueberfluß empfangen; die Ströme aller Lust und alles Vergnügens in ein unerschöpfliches Meer zu sammeln, aus welchem alle Menschen die Freuden des Lebens in vollen Zügen trinken; und allen Glanz der Welt zu einer Sonne zu vereinigen, durch welche die bisherigen Finsternisse in einen neuen, nie gesehenen Tag verklärt werden sollten.

Um diesen Tempel aufzubauen, nahm er alle Wissenschaft und Kunst in seinen Sold, und diese durchforschten mit unsäglicher Anstrengung alle Kräfte der Natur, vereinigten sie zu wunderbaren Wirkungen, und erfanden neue Werkzeuge und Maschinen für alle möglichen Erzeugnisse und für den schnellsten Verkehr. Die sinnigsten Geräthschaften bebauen nun das Erdreich, und ernten die Früchte; es erheben sich Fabriken, welche fast alle menschlichen Hände entbehrlich machen, und in kürzester Zeit ungeheure Massen fertiger Waaren liefern; jede Kunst, jedes Handwerk arbeitet mit neu erfundenen Hilfsmitteln; der Dampf beflügelt die Kraft und Schnelligkeit der Räder, und versendet in Windeseile die schwersten Lasten über Land und Meer; der elektrische Funke trägt den menschlichen Gedanken eben so rasch, als er entsteht, an die fernsten Grenzen des Erdkreises. Aus den Tiefen der Erde, aus den Abgründen des Ozeans, aus den Höhen der Lüfte, aus allen Theilen der Welt sammelt er in diesen Tempel, was immer dem Menschen zur Nahrung, Kleidung, Wohnung, zur Bequemlichkeit, zum Vergnügen, zum Glanze dienen kann; und er hat ihn auch die Kunst gelehrt, Alles genießbar zu machen, und wirklich zu genießen.

Der Liberalismus hat die Handelsfreiheit eingeführt, und es gibt keine Schranke mehr zwischen Land und Land, zwischen Meer und Meer; die ganze Erde ist Ein Handelsplatz. Der Liberalismus hat die Gewerbefreiheit eingeführt, und es gibt keine Schranke mehr für das Gewerbe, für das Handwerk, für irgend einen Erwerbzweig; nur die Geschicklichkeit und der Fleiß entscheiden, was und wie viel Jedem zufallen müsse. Der Liberalismus hat die Spielfreiheit mit dem Gelde eingeführt, und es gibt keine Schranke mehr für den Werth des Geldes, für die Zinsen des Kapitals, für das Geschäft der Börse; das Geld ist Waare geworden, mit der man Handel treibt. Der Liberalismus hat die Bodenfreiheit eingeführt, und es gibt keine Schranke der Grundherrschaft, des Zehentes, der Untheilbarkeit der liegenden Güter mehr; Jeder kauft, und verkauft, und theilt, wie er es für vortheilhaft findet. Der Liberalismus hat die Freiheit der Niederlassung und Ansäßigmachung eingeführt, und es gibt keine Schranke des Vaterlandes, der Gemeinde, des Religionsbekenntnisses mehr; Jedermann kann sich ankaufen, wirthschaften, Handel treiben, Gewerbe führen, Alles ausbeuten, wo und wie er will. Der Liberalismus hat die Freiheit des Betriebswesens eingeführt, und es gibt keine Schranke mehr für die Echtheit der Waaren, für die Ehrlichkeit im Kaufe und Verkaufe, für den Preis der Erzeugnisse, auch in Bezug auf die nothwendigsten Lebensmittel; Jeder verfertiget, was er will, und wie er will, und fordert, was er bekommen kann. So steht Alles Allen zu Diensten, und es kommt nur mehr auf das Können und Wollen an, um nach Herzenslust zu erwerben, zu besitzen, und zu genießen.

Aber auch dieses Können und Wollen hat der Liberalismus bis auf den höchsten Grad menschlicher Möglichkeit gesteigert. Denn er hat Alles, was der Mensch erwerben, besitzen, und genießen kann, mit so ungeheuren Steuern und Abgaben belastet, daß Jedermann seine letzten Kräfte anstrengen muß, um nach der Befriedigung öffentlicher Forderniſſe noch das Nothwendige für seinen Lebensunterhalt zu erübrigen. Er hat dem ganzen Unterrichtswesen eine materielle Richtung gegeben, damit der Mensch schon von Kindheit an mit seinem ganzen Streben in die Materie versenkt werde. Er hat überall Gewerbevereine, Handelsvereine, Hüttenvereine, Landwirthschaftsvereine, Künstlervereine, Wissenschaftsvereine gegründet, um mit vereinten Kräften Alles ausfindig zu machen, und zu benützen, was den zeitlichen Wohlstand zu heben vermag. Er hat Kunstausstellungen, landwirthschaftliche Ausstellungen und Weltausstellungen eingeführt, um die gemachten Erfahrungen und neuen Erfindungen wechselseitig auszutauschen, und den Unternehmungsgeist und Wetteifer der einzelnen Menschen und der Völker anzuspornen, und in fortwährender Spannung zu erhalten. Er hat für ausgezeichnete Leistungen auf jedem Gebiete des menschlichen Fleißes glänzende und ehrenvolle Belohnungen ausgesetzt, um den Ehrgeiz und die Ruhmsucht zu entflammen. Er hat öffentliche und großartige Volksfeste angeordnet, welche ganze Wochen in Anspruch nehmen, und mit aller Lustbarkeit, Pracht und Feierlichkeit begangen werden, um die Bürger aller Reiche für diesen Zweck zu begeistern. Er hat es dahin gebracht, daß der Erwerb und Besitz materieller Güter den ersten Rang in der menschlichen Gesellschaft einnimmt, und die Wissenschaft und Kunst, den Adel und jede Würde in Staat und Kirche mit seinem Glanze verdunkelt; daß die Geldmächte im Rathe der Fürsten sitzen, über Krieg und Frieden entscheiden, Staaten erhalten, und verderben, und die Welt regieren; daß nicht mehr die Wahrheit, das Recht und die Pflicht, sondern der materielle Gewinn und Verlust das Richtmaß aller Bewegungen in der menschlichen Gesellschaft bilden.

Auf solche Weise wurde der Tempel des Materialismus aufgeführt, und wir sehen die ganze Menschheit, mit sehr geringer Ausnahme, zu diesem Tempel wallfahrten, und in demselben dem Gotte huldigen, wie ihn uns ein amerikanischer Bürger gezeigt hat, der seinen kleinen Sohn auf den Schooß nahm, und, indem er ihm ein Geldstück vor die Augen hielt, die bezeichnenden Worte sprach: „Siehe da, mein Kind, das ist dein Gott!"

Ist aber die Menschheit nun auch glücklich geworden? Wie jede andere Bescherung des Liberalismus ist auch der Materialismus nicht nur kein wahres Gut, sondern ein wahres Uebel; nicht nur ein wahres Uebel, sondern die Quelle aller Uebel; und daher das größte Unglück, welches über die Völker kommen konnte. Um dich, geliebtes Volk! davon zu überzeugen, will ich dir den Satz beweisen:

Der Materialismus ist der geistige und materielle Ruin der Völker.

Das Christenthum ist die Befreiung des Geistes aus den Fesseln des Fleisches und die Erhebung des Menschen zum Uebersinnlichen, Uebernatürlichen, Göttlichen. Wo das Christenthum in Verfall geräth, da sinkt der Mensch in das Sinnliche, Fleischliche, Materielle hinab. Der Materialismus ist die Befreiung des Fleisches von den Fesseln des Geistes und die Versenkung des Menschen in die Materie. Christenthum und Materialismus sind Gegensätze, die sich einander aufheben, und in demselben Individuum zugleich nicht bestehen können.

Auch die Natur des Menschen ist so beschaffen, daß die Seele den Leib belebe, und beherrsche; der Leib aber das gefügige Werkzeug der Seele sei. Der Materialismus kehrt aber dieses Naturverhältniß um, und macht den Leib zum Beherrscher der Seele, die Seele aber zur Sklavin des Leibes.

Im Reiche der Gnade und im Reiche der Natur ist der Materialismus für den Menschen so entehrend und so zerstörend, daß man ihn im Heidenthume nicht vor dem sechsten Jahrhunderte vor Christus, und im Christenthume nicht vor dem siebenzehnten Jahrhunderte der christlichen Zeitrechnung findet. Zuerst haben ihm die gelehrten Buddhisten in Indien gehuldiget. Aus dem Oriente verpflanzten ihn sinnliche Philosophen nach Griechenland. Aus Griechenland schleppte ihn die Ueppigkeit des kaiserlichen Roms nach Italien. Im Christenthume griffen zuerst in England, nachdem es der Einheit der Kirche entsagt, und dem Irrglauben sich ergeben hatte, einige Philosophen nach dieser altheidnischen Verkommenheit, und verkündeten sie mit unverschämter Frechheit als eine neue Weisheit ihren Zeitgenossen. Aus England verbreitete sich diese Seuche nach Frankreich, wo wieder entartete Philosophen den Menschen zum Thiere erniedrigten. In Deutschland sprach vor kurzer Zeit ein mit Gott und mit sich selbst zerfallener Mann das furchtbare Wort: „Wer wird das Fleisch vom Geiste erlösen?" und diese Erlösung hat sich sofort die Wissenschaft zur Aufgabe gesetzt. Zuerst lehrten die Rationalisten den Abfall von Gott, der Kirche und dem Glauben zur Vernunft; dann lehrten die Pantheisten den Abfall von der Vernunft zur unvernünftigen Natur; endlich lehrten Darwin, Vogt und Genossen den Abfall von der Natur zum Affengeschlechte.

Aus diesem kurzen geschichtlichen Ueberblicke ergibt sich, daß es immer und überall wissenschaftliche Männer waren, welche zuerst den Materialismus als Wissenschaft lehrten, und in sofern können wir ihn den wissenschaftlichen Materialismus nennen. Diese Wissenschaft aber besteht darin, daß man Gott, den unendlichen Geist, die ganze geschöpfliche Geisterwelt, und damit auch den menschlichen Geist leugne, in Folge dessen keine Ewigkeit, keine Unsterblichkeit, keine Vergeltung nach dem Tode, kein Verdienst und keine Schuld, keine Tugend und kein Laster mehr anerkenne, dem Menschen seinen Ursprung und sein Ende, wie seine ganze Lebensaufgabe in der Materie anweise, und ihn als das ausgebildetste Thier hinstelle.

Aus diesem wissenschaftlichen Materialismus mußte sich der praktische Materialismus so nothwendig herausbilden, wie nothwendig der Gedanke in das Wort, und das Wort in die That übergeht. Die schauerlichste Verwirklichung fand diese Lehre unter den Heiden in dem Amphitheater zu Rom, wo die Blüthe des römischen Kaiserthums an den blutigen und mörderischen Wettkämpfen und Kampfspielen zwischen Menschen und Thieren ihr höchstes Vergnügen genoß. Im Christenthume feierte der Materialismus seine gräßlichsten Orgien seit einem Jahrhunderte in der französischen Revolution, welche Europa mit Blut und Trümmern bedeckte, und in den schauerlichen Sakrilegien, in dem Priestermorde, in dem Kirchenraube, in dem Brande und in dem Schutte von Paris sein letztes Ziel vor unsern Augen enthüllte. Bis zu welchen Abgründen des Elendes aber der heutige Materialismus die europäische Menschheit versenket, werden wir erkennen, wenn wir uns überzeugen, daß er dieselbe aller übernatürlichen, geistigen, leiblichen und materiellen Güter beraube, und daher namenlos unglücklich mache.

Der Mensch lebt ein dreifaches Leben, ein leibliches, ein geistiges und ein übernatürliches Leben, und zwar nicht abgesondert, sondern zugleich; das leibliche Leben mittelst des Leibes, der leiblichen Kräfte und der leiblichen Sinne; das geistige Leben mittelst des Geistes, der geistigen Kräfte und der geistigen Sinne; das übernatürliche Leben mittelst der heiligmachenden Gnade und der wirkenden Gnaden. Dieses dreifache Leben muß, wie der Mensch Einer ist, selbstverständlich einheitlich und harmonisch gestaltet sein, und zwar naturgemäß so, daß das körperliche Leben dem geistigen, und das geistige dem übernatürlichen untergeordnet sei, wie diese drei Wesenheiten selbst einander untergeordnet sind. Auch ist diese Einheit, Harmonie und Unterordnung so geartet, daß jede Störung in dem einen Leben eine Störung in dem andern hervorruft, und daß der Mensch, wenn er das übernatürliche Leben zerstört hat, auch sein geistiges, und wenn er das geistige Leben zerstört hat, auch sein leibliches Leben nicht mehr in seiner Reinheit, Kraft und Vollkommenheit erhalten kann; eben weil da Alles in einander greift. Das übernatürliche Leben wird durch die übernatürlichen Güter der Gnade, das geistige Leben durch die geistigen Güter, das leibliche Leben durch die leiblichen Güter ernährt, vervollkommnet, und erhalten; durch die Entziehung dieser Güter aber geschwächt, und zerstört. Der Grund von allem dem aber ist, weil Gott dem Menschen eine übernatürliche Bestimmung gegeben, und ihn zum Besitze und Genusse der ewigen Seligkeit im Himmel berufen hat, die er durch übernatürliche Lebensthätigkeit und durch übernatürliche Werke verdienen soll. So ist das menschliche Leben, so ist der Mensch von Gott bestellt; und keine geschöpfliche Macht kann an dieser Einrichtung und an dieser Bestimmung des Menschen Etwas ändern.

Es fragt sich nun, was dieß für Güter seien, mit welchen der Mensch dieses dreifache Leben zu pflegen, und seine Bestimmung zu erreichen habe. Die übernatürlichen Güter sind: die heiligmachende Gnade, durch welche der Mensch gerechtfertiget, geheiliget, der göttlichen Natur theilhaftig, ein Kind Gottes und ein Erbe des Himmels wird, und diese Gnade erhält er durch das heilige Sakrament der Taufe, verliert sie durch jede schwere Sünde, und gewinnt sie wieder durch den würdigen Empfang des heiligen Bußsakramentes; dann die wirkenden Gnaden, durch welche sein Verstand zu übernatürlicher Erkenntniß erleuchtet, sein Wille zum übernatürlichen Wollen angetrieben, und sein Werk mit übernatürlicher Hülfe vollbracht wird; ferner die göttlichen Wahrheiten des Glaubens, das göttliche Gesetz, die göttlichen Heilsmittel der heiligen Sakramente, das göttliche Opfer, alle Erlösungsgnaden Jesu Christi in der heiligen Kirche, die Unschuld, die Buße, die Tugenden, die guten Werke, die Gemeinschaft der Heiligen. Die geistigen Güter sind: die natürlichen Wahrheiten für den Verstand, das natürliche Gute für den Willen, das natürliche Schöne für die Phantasie, das natürliche Edle für das Herz, das natürliche Recht für das Gewissen, die Freiheit, die Ehre. Die leiblichen Güter sind: das leibliche Leben, die leibliche Gesundheit, die Speise, die Nahrung, die Kleidung, die Wohnung und die sogenannten Glücksgüter. Dieser dreifachen Güter bedarf der Mensch für sein dreifaches Leben, und muß sie nach der Natur und dem Werthe des Lebens und ihrer selbst unterordnen, so daß die leiblichen Güter den geistigen, die geistigen den übernatürlichen dienen, und das Ganze ihm zum Mittel werde, seinen letzten Zweck, seine erhabene Bestimmung zu erreichen. Das ist die göttliche Ordnung für den Menschen.

Nun liegt es in der freien Wahl des Menschen, sich dieser Ordnung zu fügen, oder derselben sich zu entziehen. Er kann dieses dreifache Leben und diese dreifachen Güter nach dieser göttlichen Ordnung gebrauchen; er kann aber auch dieses Leben und diese Güter gegen diese göttliche Anordnung mißbrauchen. Im erstern Falle wird er seinen Zweck und seine Bestimmung unfehlbar erreichen, und wahrhaft glücklich sein; im letztern Falle kann er seinen Zweck und seine Bestimmung unmöglich erreichen, und muß unfehlbar unglücklich werden in der Zeit und in der Ewigkeit. Von dieser Wahl hängt somit das ganze Glück oder Unglück des Menschen ab.

Was thut nun der Materialismus? Er raubt dem Menschen die übernatürlichen Güter und das übernatürliche Leben. Denn vor Allem verbirgt er dem Menschen dieses Leben und diese Güter, indem er von denselben niemals spricht. Oder habet ihr jemals von der ewigen Bestimmung des Menschen, von der Herrlichkeit, von der Wonne, von den Schätzen des Himmels, von den ewigen Strafen der Hölle, von dem Leben der Gnade, von den Gnadenmitteln und Gnadenschätzen der heiligen Kirche, von der Unschuld und Tugend, von den für das ewige Leben verdienstlichen und nothwendigen Werken aus dem Munde des Materialismus auch nur ein Wort vernommen? Er beobachtet darüber ein ewiges Schweigen. Wagt es aber Jemand, in seiner Gegenwart von diesem Leben und von diesen Gütern zu sprechen, deren Dasein und die Nothwendigkeit der Sorge für sie zu behaupten; so geräth er darüber in Zorn und Wuth; und wie ein Löwe der Wildniß, wenn er im Fraße aufgeschreckt wird, zürnt, und wüthet, und brüllt, leugnet er Alles dreist und keck, unverschämt und gewaltsam, betäubt mit seinem Geschrei das Ohr, den Geist und das Herz, und läßt weder sich selbst noch seine Anhänger im rollenden Laufe der Arbeit stören. Denn das Bewußtwerden einer übernatürlichen Würde und Bestimmung könnte über rein natürliches Streben Mißvergnügen erwecken; der Gedanke an himmlische Güter könnte an dem Gewinne von bloß irdischen Gütern Ekel erregen; die Erinnerung an höhere Pflichten, an die Rechenschaft vor dem ewigen Richterstuhle und an die ewige Vergeltung könnte die Gewissen aufschrecken, und von dem maß- und zügellosen Wühlen in dem Sinnlichen zurückschrecken; das leise Ahnen eines höheren Lebens könnte zur Empörung gegen ein Sklavenleben führen, welches den Menschen mit dem Thiere auf gleiche Linie stellt. Daher darf von dem Allem keine Erwähnung geschehen.

Der Materialismus läßt dem Menschen auch keine Zeit, das übernatürliche Leben zu pflegen. Denn kaum ist das Kind so weit entwickelt, daß seine Hand einen Faden knüpfen kann; wird es in der Fabrik an die Maschine gestellt, um sich sein Brod zu verdienen, und kommt nicht mehr heraus, bis sein ganzes Leben ausgebeutet ist, und erschöpft dem letzten Elende überlassen wird. Das Tagewerk muß da von Jung und Alt vom frühen Morgen bis zum späten Abende fortgeführt werden, und wer am Sonntage nicht arbeiten will, wird entlassen, und ist broblos. Wann haben diese Armen Zeit, an ihr übernatürliches Leben zu denken, und dessen Bedürfnisse zu befriedigen? In den Bergwerken und Kohlengruben bleiben die Menschen fast ihr Leben lang für jeden Unterricht in der Religion und für jede Uebung derselben unzugänglich begraben. In den Werkstätten und in den Kaufläden macht das Geschäft dieselben Ansprüche. Auf den Eisenbahnen und auf den Dampfschiffen wird auf die Dienstthuenden ebenso wenig Rücksicht genommen. Der Diener und die Magd im Hause müssen sich dem Grundsatze fügen: Herrendienst geht vor dem Gottesdienste; und man nöthiget sie, weil man ihnen an den Wochentagen keine Zeit läßt, die am Sonntage vom Herrendienste etwa erübrigte Zeit auf die Befriedigung ihrer eigenen Bedürfnisse zu verwenden, so daß sie aus dem Joche der Arbeit niemals ausgespannt werden. Der Materialismus hat die Gesetze zum Schutze der Sonntagsfeier aufgehoben, oder außer Wirksamkeit gesetzt, und auch an diesen Tagen wird in offenen Buden gekauft, und verkauft, und vielseitig schwere Arbeit verrichtet, um desto mehr verdienen, und gewinnen zu können. Wann haben denn auch diese Armen Zeit, an ihr übernatürliches Leben zu denken, und für dessen Bedürfnisse zu sorgen? Der Soldat muß nicht selten an den der Gottesverehrung gewidmeten Tagen gerade während des Gottesdienstes militärischen Uebungen sich unterziehen, der Beamte in seiner Kanzlei arbeiten, der Handarbeiter, die Handarbeiterin auch diese Zeit benützen, um sich das tägliche Brod zu verdienen; weil der Lohn so gering ist, daß sie sich und die Ihrigen sonst nicht ernähren könnten. Ja, der Materialismus hat die Geschäfte so eingerichtet, daß seine Sklaven an den Sonn- und Festtagen Vormittag arbeiten müssen, den Nachmittag aber oder auch den Montag der Unterhaltung und den Lustbarkeiten widmen können. Das Gewerbe, der Handel, das ganze Betriebswesen hat eine so fieberhafte Bewegung erhalten, und alle Arbeitskräfte sind so gespannt, und müssen so ineinander greifen, daß die Arbeitgeber selbst, Tag und Nacht an das Geschäft gebunden, für etwas Anderes weder Zeit noch Lust mehr haben, und den freien Augenblick, der ihnen zuweilen gegönnt wird, zur Erholung verwenden, um nicht zu unterliegen. Wann haben denn diese Opfer seiner Habsucht Zeit, an ihr übernatürliches Leben zu denken, und für dessen Bedürfnisse zu sorgen? In den höhern Kreisen der Gesellschaft hat der Materialismus die Nacht in den Tag und den Tag in die Nacht verkehrt, die erste Hälfte der Nacht wird den Geschäften oder Vergnügungen, die erste Hälfte des Tages dem Schlafe geopfert, und die großartigen Unterhaltungen werden auf die Nacht vor einem Sonn- oder Festtage verlegt, damit es diesen Sklaven der Sinnlichkeit unmöglich werde, dem göttlichen Opfer beizuwohnen, das Wort Gottes zu hören, die heil. Sakramente zu empfangen, zu beten. Endlich werden gerade an solchen Tagen öffentliche und allgemeine Lustreisen und Ausflüge unternommen, und die ausschweifendsten Vergnügungen und Festlichkeiten veranstaltet, damit dem Gewinne keine Zeit, und der sinnlichen Lust keine Gelegenheit entzogen werde. Auf solche Weise wird es Hunderttausenden unmöglich gemacht, an ihr übernatürliches Leben zu denken, und für dessen Bedürfnisse zu sorgen. Daher die diesem Zeitalter des Materialismus eigenthümliche Erscheinung, daß man erwachsene, ja altgewordene Menschen findet, welche von der Religion, von der Kirche, von Christus, von Gott niemals Etwas gehört haben, und vernünftige Lastthiere genannt werden können.

Der Materialismus geht aber auch auf die gewaltthätige Zerstörung der übernatürlichen Güter und des übernatürlichen Lebens los. Denn er entzieht dem Menschen die nothwendigen Heilsmittel, indem er sie von dem Gebrauche derselben gewaltsam fern hält; wer aber dem Leben die Nahrung entzieht, der tödtet das Leben. Er zwingt ihn, die Gesetze der Kirche und die Gebote Gottes schwer zu verletzen, wie es in der Entheiligung der Sonn- und Festtage der Fall ist, und wie dasselbe geschieht, wenn er die Untergebenen aus Habsucht oder grundloser Grausamkeit nöthiget, verbotene Speisen zu genießen; wer aber das Leben zu todbringenden Dingen zwingt, der tödtet das Leben. Er kümmert sich nur um die Arbeit, aber um keine Sittlichkeit, und läßt seine Wohnungen, Fabriken, Werkstätten, Arbeitshöhlen, Scheunen, Ställe und Felder Schauplätze der Aergernisse und Pflanzschulen aller Laster werden; wer aber das Leben in die Hände der Räuber und Mörder überliefert, der tödtet das Leben. Wie viele Sünden der Lüge, des Betruges, der Bestechung, der Ungerechtigkeit, des Wuchers, des Neides, des Hasses, der Zwietracht, der Feindschaft werden im Erwerbe, wie viele Sünden des Geizes, der Unterdrückung, des Stolzes, des Hochmuthes, der Verschwendung, der Unmäßigkeit, der Prahlerei, der Sinnenlust werden im Besitze, in der Verwaltung und im Genusse der zeitlichen Güter begangen! Alle diese Sünden sind aber eben so viele Todeswunden, welche dem übernatürlichen Leben der Seele beigebracht werden. Es gibt nichts in der Welt, was auf alle fünf Sinne des Menschen so beständig, so allseitig, so kräftig einwirkt, wie die Reichthümer der Erde, die Ehren der Welt und die Freuden des Lebens, und nichts regt so gewaltig die Leidenschaften der Habsucht, der Ehrsucht und der Genußsucht auf, wie eben diese irdischen Güter. Je ungetheilter also der Mensch ihnen sich hingibt, und in dieselben sich versenkt; desto mächtiger entbrennen diese Leidenschaften, desto heftiger entflammen sie sich, und desto unwiderstehlicher reißen sie den Menschen mit fort. Diese drei Hauptleidenschaften, welche alle andern in sich schließen, sind aber auch die drei Hauptquellen, aus welchen alle Ströme der Laster sich über die Menschheit ergießen. Daraus ergibt sich der nothwendige Schluß, daß das Menschengeschlecht, je mehr es mit Leib und Seele in diese irdischen Dinge hineingezogen wird, auch desto lasterhafter werden müsse. Wir sehen daher auch, wie in unseren Tagen die Sittenlosigkeit alle Schranken durchbricht, die Gottlosigkeit kein Heiligthum mehr auf Erden duldet, und Gott selbst im Himmel bestürmet.

Denn der Materialismus erfüllt die Menschen mit Verachtung und Haß gegen alle übernatürlichen Güter und gegen das übernatürliche Leben. Wir wollen zuerst auf diese Thatsache blicken, und dann nach deren Ursachen forschen. Wir hören in den großen, öffentlichen Versammlungen der Arbeiter Reden, welche Haß und Wuth gegen die Priester, gegen die Bischöfe, gegen den Statthalter Jesu Christi sprühen, ohne daß ein Wort der Mißbilligung oder der Abwehr laut wird, auch nicht von Seite der Obrigkeit, die gegenwärtig ist, auch nicht von Seite irgend einer öffentlichen Stimme der Gesellschaft. Darf man nun vom Schweigen auf die Zustimmung schließen, so ist die heutige öffentliche Gesellschaft von demselben Hasse, von derselben Wuth erfüllt. Nun aber haßt man die Priester, die Bischöfe, den Papst nicht aus persönlichen Gründen; denn sie haben ja Niemandem ein Leid oder einen Schaden zugefügt, und man findet sie als Personen sogar sehr liebenswürdig; sondern man haßt sie um ihres Amtes willen; man haßt sie als Diener der Religion, man haßt die Religion, man haßt das Evangelium, man haßt Christus, den Sohn des lebendigen Gottes, man haßt Gott.

Auch von Bürgern und Landleuten hört man bereits die Aeußerungen: Es gibt keine Unsterblichkeit, keine Ewigkeit, keinen Himmel, keine Hölle, keinen Gott; was brauchen wir Priester, Bischöfe, einen Papst? Das Gebet bezahlt uns Niemand; der Gang in die Kirche trägt nichts ein; die Reden in den Bierstuben unterhalten uns weit besser, als die beste Predigt eines Priesters. Man muß das Leben genießen; denn stirbt der Mensch, so ist es für immer mit ihm geschehen. Man störe uns nicht im Erwerbe und Genusse, und behalte die finsteren Gedanken an den Tod und an die Ewigkeit für sich.

Haben nun die Arbeiter, Bürger und Bauern diesen Haß und diese Wuth aus sich selbst geschöpft? Waren sie nicht von der Taufe her Christen, und haben sie nicht in ihrer Kindheit und Jugend Gott und die Religion kennen gelernt? Man hat ihnen diesen Haß und diese Wuth eingepflanzt durch das Wort, durch die Schrift, durch das Beispiel. Wer hat aber solche Worte gesprochen, solche Schriften verfaßt, solches Beispiel gegeben? Vielleicht wieder Arbeiter, Bürger, Bauern? Das haben die sogenannten „besseren und gebildeten Stände" gethan. Es hat lange gewährt, bis der Unglaube, der Haß gegen das Christenthum, die Gotteslästerung aus den Hörsälen der Wissenschaft, aus den üppigen Palästen eines verkommenen Adels, aus den Schreibstuben entarteter Beamten, aus den Geldkammern gottloser Reichen bis in die niederften Hütten des Volkes hinabbringen konnten. Aber endlich ist es doch gelungen. Kaum erscheint ein Priester auf der Straße, so blitzen ihm funkelnde Augen und zornglühende Gesichter entgegen. Es wird um ihn herum links und rechts ausgespuckt. Er muß die gemeinsten Schimpf- und Spottreden und die gräulichsten Verwünschungen hören. Selbst vor Gewaltthätigkeiten und Mißhandlungen ist er nicht sicher. Es gibt fast keine Glaubenslehre, kein Geheimniß der Religion, nichts Heiliges mehr, das nicht in öffentlichen Blättern und an öffentlichen Orten verhöhnt und gelästert würde, An vielen Orten kann man nicht mehr das allerheiligste Sakrament öffentlich zu den Sterbenden bringen, oder in feierlichen Prozessionen herumtragen, ohne es gottesräuberischen Entehrungen auszusetzen. Selbst in die Tempel des Herrn dringen die Rasenden ein, entweihen das Heiligthum, stören den Gottesdienst, rauben die heiligen Gefäße, und verüben an Christus im Sakramente Verbrechen, welche nur die Hölle eingeben kann. Und man hat nicht gehört, daß solche Gräuel gebührend bestraft worden seien.

Das sind nun Thatsachen, welche alle Welt kennt, und Niemand leugnen kann. Zwar sind nicht alle Arbeiter, nicht alle Bürger, nicht alle Landleute, nicht alle Mitglieder der „besseren, gebildeten Stände" so geartet, auch nicht der größere Theil derselben, ja auch nicht sehr Viele aus denselben; aber es sind dieß Erscheinungen, welche beweisen, daß bereits alle Schichten der Gesellschaft wenigstens theilweise angesteckt seien, daß das Uebel mit überraschender Schnelligkeit um sich greife, und, wenn ihm nicht mit aller Kraft Einhalt gethan wird, die ganze Menschheit verwüsten werde; besonders wenn man weiß, daß der Liberalismus den Materialismus als Mittel gebrauche, das Reich Gottes auf Erden zu zerstören. Denn es ist sein Plan, der Kirche Gottes alle zeitlichen Güter zu rauben, und dadurch auch ihre geistliche Macht zu schwächen. Deßhalb hat man dem Papst den Kirchenstaat und selbst die Hauptstadt der Christenheit entrissen; deßhalb hat man den Bischöfen ihre Fürstenthümer genommen; deßhalb hat man die Klostergüter eingezogen; deßhalb hat man alle kirchlichen Stiftungen unter die Vormundschaft des Staates gestellt; deßhalb hat man den Dienern der Kirche das karge und schimmelige Gnadenbrod der weltlichen Herrschaft angewiesen; deßhalb hat man den Seelsorgern selbst die von ihnen und von den Gläubigen gesammelten Armengelder abgenommen. Die Kirche soll ausgehungert werden. Zu gleicher Zeit wird ihr ein Recht um das andere entzogen; wird ihr die Freiheit des Wortes genommen; wird Alles, was ihr feindlich und verderblich ist, auf sie losgelassen, und in seinem Kampfe gegen sie unterstützt; wird sie mit Schmach und Spott überschüttet, und mit Gewalt auch in ihrem rein geistlichen Wirken unterdrückt. Ist aber die Kirche vernichtet, so ist auch das Reich Gottes auf Erden zerstört, die Gottesverehrung aus der Welt hinausgeschafft, und Gott selbst in der Menschheit geächtet. So wüthet der Haß gegen die übernatürlichen Güter, gegen das übernatürliche Leben, gegen die Kirche Gottes, gegen Gott selbst.

Auch dieß sind Thatsachen, die alle Welt kennt, und Niemand leugnen kann. Die nächste Ursache dieses Hasses aber ist der Materialismus. Denn der Materialismus kennt nur Materielles, nur Irdisches, nur Sinnliches, und findet darin seine ganze Glückseligkeit; die göttliche Religion aber zieht den Menschen aufwärts, zum Uebersinnlichen, Geistigen, Göttlichen; und dagegen empört sich seine ganze Natur. Der Materialismus will alle Leidenschaften in der Materie befriedigen, die göttliche Religion aber legt denselben Zügel an, und setzt ihnen Schranken; und das versetzt ihn in Wuth. Der Materialismus ist im Streben nach irdischen Gütern und im Genusse derselben unersättlich, schließt mit dem Kommunismus Freundschaft und ein Schutz- und Trutzbündniß, um jede Schranke zu entfernen; die göttliche Religion aber fordert Achtung vor dem fremden Eigenthume, und ganz vorzüglich vor dem gottgeweihten Gute; und das versetzt ihn in Raserei. Der Materialismus hat kein Auge, das zum Himmel blickt, kein Ohr, das auf eine Stimme aus der Ewigkeit horcht, keine Zunge, die einen Laut der Geisterwelt hervorbringt, kein Herz, das für Tugend und Heiligkeit empfindlich ist, keine Hand, die sich für Unsichtbares oder Unvergängliches in Bewegung setzt, keinen Fuß, der sich jemals aus dem Kothe erhebt; es ist ihm ganz unbegreiflich, wie ein Mensch sich dem Dienste Gottes widmen, oder wie irgend ein Stück Geld oder eine Scholle Erde der Ehre Gottes geweiht werden könne, und weiß für die Hand, die ihm Etwas entzieht, keinen treffenderen Namen, als: „die todte Hand". Was ihm nicht lebt, ist todt. Daher will er auch nichts dergleichen neben sich dulden, und sieht solche Menschen für Verbrecher an der Menschheit an, die man um jeden Preis aus der menschlichen Gesellschaft ausschließen, und denen man Alles nehmen müsse, was sie besitzen. Wir haben vor nicht langer Zeit das blühendste Reich der Kirche in ein von Blut und Thränen getränktes Heidenthum verwandelt gesehen, und wir sehen jedes Reich in dem Maße demselben Schicksale entgegensteuern, als es dem Materialismus huldiget.

So ist der Materialismus der Ruin der Völker in Bezug auf die übernatürlichen Güter und auf das übernatürliche Leben der Menschheit.

Aber ist der Mensch einmal aus der übernatürlichen Ordnung herabgefallen, so kann er sich auch nicht mehr lange in der natürlichen Ordnung erhalten; und wenn er aufhört, Christ zu sein, hört er auch auf, Mensch zu sein. Denn den Menschen macht die Vernunft zum Menschen, und er lebt als Mensch, wenn er der Vernunft gemäß vernünftig lebt. Um vernünftig leben zu können, muß er ein vernünftiges Lebensziel vor Augen haben. Ein vernünftiges Lebensziel kann er aber nicht vor Augen haben, wenn er nicht auf folgende Fragen eine klare, bestimmte und untrügliche Antwort hat: Woher komme ich? Wohin gehe ich? Wozu bin ich da? Auf diese Fragen nun hat die menschliche Vernunft seit sechstausend Jahren, ohne die geoffenbarte Religion, sich selbst überlassen, niemals eine übereinstimmende, klare, bestimmte und untrügliche Antwort gegeben. Was aber die menschliche Vernunft seit sechstausend vergangenen Jahren nicht ermitteln konnte, das wird sie auch, dafür bürgt eben diese sechstausendjährige Erfahrung, in sechstausend kommenden Jahren nicht ergründen. Somit gibt es für den Menschen in der gegenwärtigen Ordnung der Dinge ohne die geoffenbarte Religion kein vernünftiges Lebensziel, folglich auch kein vernünftiges Streben nach einem solchen Ziele, und daher auch kein vernünftiges Leben. Der Materialismus aber antwortet auf diese Fragen ganz dreist und keck: Der Mensch kommt vom Staube; geht zum Staube, und lebt für den Staub. Sträubt sich der menschliche Geist gegen eine solche Erniedrigung, so sagt er ihm: Du bist selbst weiter nichts, als eine kleine Phosphorentwicklung des Gehirns, die mit dem Schwinden des Gehirnes wieder erlischt. Der Materialismus leugnet selbst den Kern und die Wurzel alles geistigen Lebens, und duldet die Vernunft nur in so fern, als sie ihm Handlangerdienste für seine Zwecke leistet.

Die Vernunft erkennt Gott, und die Pflicht, Gott zu dienen; aber sie sagt ihm ohne die Offenbarung nicht, wie er Gott dienen müsse; und sie hat sich hierin bis zum Menschenmorde, bis zum Selbstmorde verirrt. Das Gewissen sagt dem Menschen in sehr vielen Dingen, was ihm von Gott geboten, und verboten sei; aber er findet ohne die Hilfsmittel der göttlichen Religion in sich nicht die Kraft, jenes zu thun, und dieses zu meiden, und ist vom Anfange her in alle Laster und Verbrechen versunken, die er selbst mit seiner Vernunft und mit seinem Gewissen als solche verdammen muß. Die Vernunft und das Gewissen sagen ihm, daß Gott solche Beleidigungen hassen, und strafen müsse, weil er unendlich heilig und gerecht ist, und auch verzeihen könne, weil er eben so unendlich barmherzig ist; aber sie sagen ihm ohne göttliche Offenbarung nicht, ob Gott auch verzeihen wolle, und unter welchen Bedingungen er verzeihen wolle. Der gefallene Mensch aber weiß ohne die göttliche Religion nicht, wie er den beleidigten Gott versöhnen könne. Ohne die göttliche Offenbarung müßte also der Mensch ein namenlos unglückliches Leben führen, daß es ihm besser wäre, gar nicht geboren zu sein. Der Grund von Allem dem ist, weil Gott den Menschen für ein übernatürliches Leben bestimmt hat, und nicht will, daß er ein bloß natürliches Leben führen soll. Der Materialismus lacht über diese Dinge, und nennt sie Vorurtheile und Weibermärchen; dafür aber behauptet er ganz ernstlich, die Gottheit sei das Weltall, die einzelnen Wesen seien die verschiedenen Aeußerungen dieser Einen Gottheit, und der Mensch sei eben so eine ihm eigenthümliche Aeußerung derselben Gottheit; er habe sich also um ein Sittengesetz gar nicht zu kümmern. Ein Leben aber, das selbst die natürliche Sittlichkeit leugnet, ist eben ein vernunftwidriges, und darum kein Menschenleben, und ein solcher Mensch lebt auch nicht mehr als Mensch. Der Materialismus leugnet auch die Moralität des geistigen Lebens, und bedient sich derselben nur, in wie fern sie ihm als Schutz gegen ihm fremde und ihm schädliche Eingriffe dient.

Im Widerspruche mit allem dem pflegt er die geistige Bildung, rühmt die „Wissenschaft als eine Macht", und die „Kunst als Aufklärung und Fortschrit"; es ist ihm aber dabei nicht auch um das geistige, übernatürliche, göttliche, sondern nur um das materielle Wahre, Gute und Schöne zu thun. Denn Mathematik, Physik, Naturlehre, Länder- und Völkerkunde, Turnen, Zeichnen, lebende Sprachen sind ihm die Hauptsache; um das Uebrige kümmert er sich nicht, besonders aber muß der Religionsunterricht auf das geringste Maß beschränkt werden, um ihn, sobald es möglich wird, ganz zu verdrängen. Wissenschaft und Kunst müssen auf seinem Felde, in seinen Werkstätten und

Fabriken, nach seinen Grundsätzen, für seine Zwecke arbeiten; alles Uebrige ist ihm an denselben ein Gräuel. Er hat auch in ihnen das geistige Leben getödtet, und die Schulen zu Maschinen und Fabriken gemacht.

Der Materialismus zieht den Geist, wird er nicht durch die göttliche Religion über sich selbst zum Uebernatürlichen erhoben, unter sich selbst in das Fleischliche und Materielle hinab, und erniedriget ihn zum Sklaven der Materie. Denn auf was muß der Verstand Tag und Nacht sinnen? Auf Gewinn und Genuß. Was muß der Wille ausschließlich anstreben, und begehren? Gewinn und Genuß. Was muß unverrückt und beständig durch das Gedächtniß rollen? Gewinn und Genuß. Was muß in allen Bildern und Vorstellungen die Phantasie verarbeiten? Gewinn und Genuß. Was muß das Herz allein und über Alles lieben? Gewinn und Genuß. Für was muß der Geist mit allen seinen Kräften thätig sein? Für Gewinn und Genuß. Das Auge erfreut kein anderer Anblick, als der Anblick von Gewinn und Genuß; das Ohr ergötzt kein anderes Wort, als das Wort von Gewinn und Genuß; keine Arbeit, kein Vertrag, kein Gesetz, kein Kampf kennt einen andern Beweggrund, ein anderes Ziel, als den Gewinn und Genuß. Gewinn und Genuß sind die beiden Angelpunkte, um welche sich das ganze Menschenleben, das ganze Familienleben, das ganze Gemeindeleben, das ganze Völkerleben, das ganze Staatsleben drehen muß. So will es der Materialismus. Daher sehen wir nun, wie der Menschengeist, der Hauch des göttlichen Mundes, der vernünftige, der willensfreie, der selbstbewußte, der gottähnliche, der unsterbliche, der für den Besitz und Genuß der unendlichen Wahrheit, des unendlichen Gutes, der unendlichen Schönheit bestimmte und zur Herrschaft über alle übrigen Wesen berufene König der sichtbaren Schöpfung gleich dem Thiere Lasten trägt, gleich dem Rade Maschinen treibt, gleich dem Spaten in der Erde wühlt, und für alles Höhere gleich dem Metalle kalt und gefühllos dahinstarrt. So ist der Geist der Sklave der Materie geworden. Was soll nun aber für einen solchen Geist die freie Wahrheit, was das erhabene Gute, was das edle Recht, was die hehre Tugend sein? Er wird für alles dieß träge und unfähig, wie die Materie. Daher finden wir auch in dem von dem Materialismus erzogenen Geschlechte keine geistige Erhebung, keine starken und hochherzigen Charaktere, keine thatkräftigen Helden, keine Männer mehr. So sind alle geistigen Güter für die Menschheit verloren gegangen; und so ist der Materialismus auch der Ruin der geistigen Güter, des geistigen Lebens der Völker geworden.

Nachdem nun der Materie Alles dienstbar gemacht, und Alles geopfert worden ist; so wird denn jetzt doch wenigstens das materielle Wohl der Völker den höchsten Gipfel der Blüthe und des Glanzes erreicht, und Jedermann in Reichthum, Ehre und Vergnügen sein erwünschtes Glück gefunden haben, jedes Uebel der Armuth und der Entbehrung verschwunden, und die Erde in ein neues Paradies umgewandelt sein? Nichts weniger, als dieß. Der Materialismus ist auch der materielle Ruin der Völker in Bezug auf die Güter des Leibes und des Glückes.

Denn er überbürdet den menschlichen Leib mit Lasten, die er nicht zu tragen vermag, unter denen er zusammensinkt, und frühzeitig unterliegt. Tausende von Menschen begraben ihr halbes Leben in den finstern, feuchten, mit schädlichen Dünsten angefüllten Schachten der Erde; Tausende athmen in Fabriken, welche der Gesundheit und dem Leben schädliche Stoffe erzeugen, den frühzeitigen Tod ein; Tausende werden in der unerträglichen Hitze der Dampfmaschine aufgezehrt; Tausende verschmachten in den Kellerwohnungen oder in ungesunden Häusern, welche der Geiz anweist, und die Armuth annehmen muß; und abermal Tausende haben gar keine Wohnung, und sind Tag und Nacht allen verheerenden Einflüssen der Witterung ausgesetzt. Was kümmert dies Alles den herzlosen Materialismus, wenn nur er in goldenen Palästen wohnt, in glanzvollen Sälen schwelgt, in seidenen Gewändern prangt, und auf damastenen Polstern ruht? Dieß sind die unmittelbaren Wirkungen des Materialismus, welcher alle diese Forderungen an die Menschheit stellt, um gewinnen, und genießen zu können, und solche Verhältnisse geschaffen hat, welchen diese Opfer sich nicht mehr entziehen können.

Der Materialismus hat nicht nur die Arbeitsstunden des Tages so vermehrt, und durch die Verringerungen des Lohnes und durch die Vertheuerung der Lebensmittel die Arbeiter, um sich nur nothdürftig das Leben zu fristen, gezwungen, selbst die Arbeitszeit so auszudehnen, daß dem Leibe die nöthige Ruhe und der nöthige Schlaf entzogen werden; sondern auch viele Feiertage, sogar die Sonntage zu Arbeitstagen gemacht, und in manchen Ländern fast alle Festtage des Jahres abgeschafft, daß, wie die Maschinen Tag und Nacht ununterbrochen arbeiten, auch der Mensch ohne Ruhe und Rast sich anstrengen muß. An die Stelle des weisen Gesetzes Gottes über die Sabbatsruhe und an die Stelle des milden Gesetzes der Natur über die Ruhe der Nacht zur Erhaltung und Kräftigung des Lebens und der Gesundheit des Leibes hat er sein starres und gefühlloses Gesetz der fast ununterbrochenen Arbeit eingeführt, und behandelt den menschlichen Leib gleich einer Maschine, welche er ausnützt, so lange sie arbeitsfähig ist, und dann wie unnützes Metall oder Holz auf die Seite wirft. Was kümmert dieß Alles den herzlosen Materialismus, wenn nur seine Kassen, seine Kisten, seine Kammern, seine Scheunen sich füllen?

Der Materialismus hat so viele und so gewaltige Naturkräfte losgebunden, und an seine Dienste gespannt, daß menschliche Umsicht und Kraft sie nicht mehr mit Sicherheit zu bändigen, und zu zügeln vermögen. Daher in allen Ländern die so häufigen und schaudervollen Unglücksfälle, welche die Menschen oft zu Hunderten auf einmal in den Abgründen der Erde verschütten, oder auf den Wogen des Meeres verbrennen, oder in den Wagen der Eisenbahnen zerquetschen, und zermalmen, oder Häuser, Dörfer und Städte in den Brand stecken; die einzelnen Beschädigungen nicht gerechnet, welche den Einen der Hand, den Andern des Fußes und noch Andere der Augen, des Gehöres, der Sprache berauben, und Unzählige entweder sogleich tödten, oder für ihr übriges Leben zu elenden Krüppeln machen. Aber was kümmern den herzlosen Materialismus Menschenleben, Blut und Thränen, was verhungernde Greise, jammernde Wittwen, verlassene Waisen; wenn nur seine Arbeit keine Unterbrechung leidet?

In Bezug auf Nahrung, Kleidung und Wohnung hat der Materialismus die ihm verfallene Menschheit in zwei Klassen geschieden, von welchen die eine darbt, die andere schwelgt. Die darbende Klasse wohnt in elenden Hütten oder Höhlen, bedeckt sich mit der dürftigsten Hülle, die gegen keinen Einfluß der Witterung schützt, verdient sich kaum das tägliche Brod, muß sich mit magerer und ungesunder Kost begnügen, erringt oft selbst diese nicht mehr, und erliegt nicht selten dem Hungertode; nebenbei muß sie aber mit ihrem Schweiße, mit ihrer Gesundheit, mit ihrem Leben der schwelgenden Klasse ihre Schätze anhäusen, und ihre Genüsse vermehren. Die schwelgende Klasse unterhält in herrlichen Palästen einen fürstlichen Hausstaat, sitzt an den üppigsten Tafeln bei den kostbarsten Speisen und Getränken, unterhält sich in den ausgelassensten Lustbarkeiten, geht in ihrer Kleiderpracht über alle Stände hinaus, und überbietet mit ihrem Aufwande Könige und Kaiser. Leib und Leben erliegen der Weichlichkeit, der Unmäßigkeit und der Ausschweifung; ein beständiges Siechthum verzehrt ihre Kräfte; Apotheken, Aerzte und Bäder ermüden unter ihrem Elende, und der kalte Tod legt auch sie in's frühe Grab. So werden in den Einen durch Darben, in den Andern durch Schwelgen die leiblichen Güter und das leibliche Leben selbst zerstört. Aus einem so geschwächten und verdorbenen Geschlechte geht immer ein noch schwächeres und verdorbeneres Geschlecht hervor; und so sehen wir bereits eine Jugend vor uns, welche kraftlos, siech und schwindsüchtig ablebt, bevor sie noch zu leben beginnt. Wir sehen Jung und Alt von einem Heere von Krankheiten umlagert, die früher gar nicht gekannt waren. Wir führen nur mehr ein künstliches Leben noch, das eben so künstlich erhalten, und mehr ein beständiger Kampf mit dem Tode, als ein Leben, genannt werden muß.

Endlich ist es der Materialismus, der alle Leidenschaften anfacht, in Feuer und Flammen setzt, und ununterbrochen schürt.

Die Einen werden von der Sorge und von dem Kummer um das tägliche Brod, von der Angst und Furcht vor dem etwaigen Verluste, von dem Schmerze über den bereits erlittenen Schaden verzehrt; die Andern reiben sich durch Neid, Eifersucht, Haß und Feindschaft auf; Viele werden, während sie äußerlich einen übertriebenen Aufwand machen, der ihr Vermögen übersteigt, und dadurch mit Schulden sie überhäuft, innerlich von Verdruß und Traurigkeit aufgerieben; Viele werden von der Weichlichkeit, Ueppigkeit, Unmäßigkeit und Wollust verschlungen; Viele verfallen im leidenschaftlichen und unglücklichen Spiele der Verzweiflung; Alle erliegen vor der Zeit den aufreibenden Anstrengungen, zu welchen sie der Materialismus zwingt; und wer hat die unglücklichen Opfer gezählt, welche vom Mißgeschicke verfolgt, oder von der nicht zu befriedigenden Unersättlichkeit getrieben, durch einen feigen Selbstmord sich aus der Welt schaffen? Ueberall herrscht die Leidenschaft, und jede Leidenschaft ist eine Krankheit, welche sowohl die Geisteskräfte schwächt, als auch die Leibeskräfte aufzehrt. Der Materialismus verschlingt auch alle leiblichen Güter und das leibliche Leben, und ist auch in dieser Beziehung der Ruin der Völker.

Aber er verschlingt selbst jene Güter, von welchen er den Namen trägt, die materiellen Güter. Um diese Wahrheit nachzuweisen, brauche ich nur auf vier große Thatsachen hinzuweisen, welche aller Welt bekannt sind: Alle Staaten ohne Ausnahme sind verarmt, und mit ungeheuren Schulden überladen; alle Völker ohne Ausnahme sind verarmt, und seufzen unter den bittersten Folgen dieser Verarmung; nur einzelne Menschen und namentlich ein fremdes Geschlecht, das wie ein erdrückender Alp auf dem Nacken Europa's sitzt, und an seinem Marke nagt, sind übermäßig reich geworden; und an dem Allem ist der Materialismus schuld. Denn er hat durch das von ihm eingeführte Maschinenwesen Millionen von Gulden aus dem Säckel der Steuerträger herausgepreßt, und preßt sie durch ein ungeheures und höchst kostspieliges Betriebswesen fortwährend heraus; er hat durch dasselbe Maschinenwesen zugleich Millionen von Menschen das tägliche Brod aus den Händen gerissen; er hat durch seine Erzeugnisse und durch sein Beispiel die Hoffart, die Prunksucht, die Genußsucht und die Verschwendung unter die Völker geworfen, und sie gelehrt, morgen zu vergeuden, was sie heute gewonnen haben; er hat nie gekannte Bedürfnisse geschaffen, die er nicht zu befriedigen vermag; er hat das schauerliche Geheimniß erfunden, die Völker mit der Arbeit zu überbürden, und auf jedem Felde des Erwerbes den Gewinn der Arbeit seinen wenigen Günstlingen in die Hände zu spielen; er hat es verstanden, alle Erzeugnisse in seine Gewalt zu bekommen, für dieselben den Preis zu machen, und diesen Preis so hoch zu stellen, daß die Abnehmer auch seine Steuerlasten tragen müssen; denn je höher die Abgaben sind, desto theurer läßt er sich seine Waaren bezahlen; er hat alle Gewerbe an sich gerissen, zwingt die bisherigen Meister, nicht etwa Gesellendienste, sondern Taglöhnerarbeit für ihn zu thun, und bestimmt ihren Lohn nach seinem Belieben; er hat Treue und Glauben, Recht und Ehrlichkeit, besonders aber alle Liebe aus der Welt verbannt, bringt durch Wucher und Betrug die letzten Reste von Hab und Gut an sich, und hat durch Habsucht und Ländergier die Staaten gezwungen, ungeheure stehende Heere zu schaffen, welche dir, g. B.! die Nähr- und Arbeitskräfte entziehen, und überdieß von deinen Steuern erhalten werden müssen; er weiß selbst allen Grund und Boden an sich zu bringen, indem er die Besitzer durch erzwungene Verschuldungen und unerschwingliche Lasten von ihrem Besitzthume verdrängt, und es um den geringsten Versteigerungspreis sich aneignet; er besitzt die vernichtende Kunst, das Metallgeld, kaum ist es geprägt, aus dem Verkehr zu bringen, dem Volke das Papiergeld aufzunöthigen, und so durch den Besitz der Metalle den Werth der Papiere zu bestimmen; er ist der nimmersatte Vampyr, welcher am Blute, am Marke, am Leben der Völker zehrt, bis er sie verzehrt hat.

Ist ein Volk dem Materialismus verfallen, so ist es mit ihm in die letzte Periode seiner Geschichte eingetreten, und wie es der letzte Schrei des alten, weltbeherrschenden Römervolkes

war: „Spiele und Brod"! weil es kein anderes Bedürfniß mehr
fühlte; so vernimmt man auf gleiche Weise auch heute aus dem
Munde der in die Materie versunkenen Welt nur mehr das
Todesröcheln: „Gewinn und Genuß!"

Was sind nun aber die Güter des Materialismus, für
welche der Mensch alle höheren Güter und sich selbst opfern
soll? Sind es Aecker und Wiesen, Haine und Wälder, Gärten
und Weinberge, Berge und Thäler, Seen und Alpen? Aber
das Alles ist in Wirklichkeit nur Staub. Sind es Häuser und
Paläste, Burgen und Städte? Aber auch dieß Alles ist Staub.
Sind es Pferde und Maulthiere, Rinder und Heerden, Geflügel
und Fische? Abermals Staub. Ist es Geld in Papier, in
Kupfer, Silber und Gold? Im Grunde wiederum Staub.
Sind es kostbare Perlen, seltene Steine, kunstreiche Gemälde,
herrliche Statuen, bezaubernde Spiegel? Nochmals Staub. Sind
es prachtvolle Gewande aus Seide, Damast und Purpur, prunk-
volle Hausgeräthe von ausländischen Stoffen, königliche und
kaiserliche Scepter und Kronen? Nichts, als Staub. Und wäre
es die ganze Welt; man übergebe sie dem Feuer und das end-
liche Ueberbleibsel von Allem ist Staub. Was bietet der Materialismus für Güter? Sind es schöne Gestalten, welche dem
Auge gefallen, harmonische Töne, welche das Ohr ergötzen, leckere
Speisen und süße Getränke, welche den Gaumen kitzeln, duftende
Wohlgerüche, welche den Geruchssinn reizen, sinnliche Genüsse,
welche alle thierischen Begierden. befriedigen? Aber alle diese
Gestalten verwelken, alle diese Töne verhallen, alle diese Speisen
und Getränke verschwinden, alle diese Wohlgerüche verdunsten,
alle diese Genüsse verwandeln sich in Bitterkeit und Eckel; das
Alles ist Schein, Täuschung, Plage und Verderben für Leib und
Seele; und je mehr und je begierlicher Jemand davon genießt,
desto sicherer und schneller wird er selbst verzehrt, und aufgerieben.

Was bietet der Materialismus für Güter? Ist es Ansehen, Macht und Herrschaft? Ist es Hochschätzung, Ehre und
Ruhm? Ist es der Adel, der Ordensstern, die Bildsäule, welche

den Namen der Nachwelt verkünden? Aber dieß Alles gleicht einer schimmernden Lufterscheinung, welche einen Augenblick leuchtet, und dann für immer verschwindet.

Frage die Todten, frage die Sterbenden, frage diejenigen, welche von dem Schauplatze des Materialismus bereits abgetreten, oder verdrängt worden sind, und nun Zeit zum Nachdenken gefunden haben, ob nicht Alles, was derselbe zu bieten vermag, in Wirklichkeit nichts anderes sei, als Staub, Schein, Täuschung, Plage, Verderben, kurzer Schimmer leerer Erscheinungen. Ist damit je ein Menschengeist befriediget, ein Gewissen beruhiget, ein Herz glücklich geworden? Und Hunderttausenden und Millionen gewährt der Materialismus nicht einmal diesen Staub, nicht einmal diesen Schein; aber ganz sicher bereitet er Allen die Plage und früher oder später das Verderben. Und du solltest, g. V.! ihm Leib und Seele und Seligkeit opfern! Solltest dich von ihm einfach aufzehren, und verschlingen lassen!

Wer kann da noch zweifeln, daß der Materialismus, wie der geistige, so auch der materielle Ruin der Völker sei? Er trägt darum auch mit Recht seinen Namen, der, wie der Liberalismus, unsrer Sprache völlig fremd, aus derselben todten Sprache genommen, und zur wüsten Mißgestalt verdreht worden ist, und das ganze Verderben in seinem Gepräge trägt, welches sein Wesen verursacht.

Sieh nun, g. V.! wie man dir Fortschritt und Bildung verheißen, und dich um die übernatürlichen Güter betrogen; wie man dir materielles Glück versprochen, und dich um die geistigen Güter betrogen; wie man nur dein Wohl im Auge zu haben vorgegeben, und dich auch um die leiblichen und materiellen Güter betrogen; wie man dich glücklich zu machen sich den Anschein gegeben, und dich entehrt, beraubt, an Leib und Seele zu Grunde gerichtet, und öffentliche Verhältnisse geschaffen hat, welche dich wie ein Felsenkerker umschließen, und wie eiserne Ketten fesseln, daß dir auch jede Aussicht auf eine Wiedererhebung aus deinen

Ruinen, jede Hoffnung auf Befreiung aus dieser vernichtenden Knechtschaft genommen ist.

Oder sage mir, wer soll dich befreien? Wer dich wieder erheben? Vielleicht deine Fürsten? Aber der Liberalismus hat ihnen ihre Rechte genommen, und der Materialismus hat auch die Staatsgüter verschleudert, und beide haben öffentliche Einrichtungen geschaffen, welche die Fürsten wie die Völker knechten. Vielleicht noch mehr Aufklärung, noch mehr Bildung, noch mehr Fortschritt? Aber das bedeutet gleichviel mit noch mehr Gottlosigkeit, mit noch mehr Entsittlichung, mit noch mehr Lasterhaftigkeit, mit noch mehr Verderben. Vielleicht noch mehr Arbeit, noch mehr Entbehrung, noch mehr Opfer? So leiste es, wenn du fähig bist; aber damit wirst du nur um so schneller den Bettelstab ergreifen, in fremde Völker dich verlieren, und endlich aufhören, ein eigenes Volk zu sein. Du bist niemals im Stande, so viel herbeizuschaffen, als der Materialismus verschlingt. Oder soll dich vielleicht die Revolution noch retten? Aber der Materialismus ist ja ein Kind der Revolution, die Empörung gegen Gott, gegen die Kirche, gegen die Fürsten, gegen die Völker, gegen alle Güter und Interessen der Menschheit. Gibt es also kein Rettungsmittel mehr? Und gibt es kein Rettungsmittel mehr, wozu dann diese Rede?

Die Umkehr und Rückkehr zur rechten Ordnung ist die Rettung; und diese Umkehr und Rettung liegt, g. V.! in deiner Hand.

Aber, wirst du mir erwiedern, soll ich die Arbeit aufgeben, Handel und Gewerbe verlassen, die Hände in den Schooß legen, und beten? Arbeite; aber der Geist biene nicht der Materie, sondern beherrsche sie; er setze sich dieselbe nicht zum Ziele seines Lebens, sondern gebrauche sie als Mittel, um die leiblichen Güter, das leibliche Leben, die leibliche Gesundheit, das leibliche Wohlbefinden zu erhalten, und zugleich die geistigen und übernatürlichen Güter zu gewinnen, wozu das leibliche Leben nothwendig ist. Arbeite, um materielle Güter zu erwerben, und zu erhalten, und gebrauche sie, um gesund und standesgemäß zu leben, das ist ihr nächster Zweck. Arbeite, aber erkenne auch in den materiellen Gütern Gottes Wohlthaten, Gottes Liebe, Güte, Vorsehung, Freigebigkeit, Allmacht, Schönheit und Weisheit, und sei Gott dankbar dafür, lobe, preise, verherrliche, liebe ihn, und theile davon auch den Bedürftigen mit, um in ihnen Gott zu ehren. Willst du oder mußt du hierin entbehren, so ertrage diese Entbehrung als Buße für deine Sünden, übe darin die Tugenden der Mäßigkeit, der Selbstverleugnung, der Geduld, der Ergebung in Gottes Fügung, der Demuth, der Liebe Gottes; und es wird dadurch das geistige und übernatürliche Leben gefördert, und das ist der entferntere, höhere Zweck dieser Güter. Arbeite, aber arbeite auch geistig, und pflege auch das geistige Leben, um deinen Verstand durch die Wahrheit, deinen Willen durch das Gute, deine Phantasie durch das Schöne, dein Herz durch das Edle zu vervollkommnen, das Gegentheil von dem zu entfernen, oder fern zu halten, und die Würde deines Geistes zu bewahren, und zu erhöhen. Das geschieht aber durch den Unterricht und durch die Erziehung deiner Kinder, wie es die Natur der Sache und die Verhältnisse des Lebens erfordern. Das wird dich vor dem Schmutze und vor der Tyrannei der Materie bewahren, und deine Menschenwürde dir sichern. Vor Allem aber und um jeden Preis erhalte und pflege das übernatürliche Leben durch den gründlichen Unterricht in der Religion, durch den lebendigen Glauben an die geoffenbarten Wahrheiten, durch die genaue Beobachtung der göttlichen Gesetze und der Gebote der heiligen Kirche, durch den würdigen und angemessenen Gebrauch der Heilsmittel, durch das Gebet, durch den gewissenhaften Gebrauch der wirkenden Gnaden des heiligen Geistes, durch die Bewahrung und Vermehrung der heiligmachenden Gnade, durch die standesgemäße Uebung aller christlichen Tugenden; das wird dich zum Kinde Gottes machen, und in dieser Kindschaft bewahren. So wirst du Gott zum Freunde und zum Vater haben, und als Freund und Kind Gottes glücklich sein in der Zeit und Ewigkeit.

Geschieht dieß nicht, so wirst du ewig barben, und ewig verderben. Denn umsonst ist der Schweiß deiner Arbeit, wenn

Gott der Erde die Fruchtbarkeit versagt, und dir verkehrte Witterung sendet; umsonst ist deine Geschicklichkeit und dein Fleiß im Handel und Gewerbe, wenn nicht Gott jede Störung und jeden Unfall fern hält, nicht Absatz und Kunden verleiht; umsonst bewachest du Haus und Hof, Hab und Gut, wenn nicht Gott es gegen Feuer und Wasser, gegen Erdbeben und böse Hände schützt; umsonst ist alle deine Sorge um deine Gesundheit und um dein Leben, wenn nicht Gott Beides erhält; umsonst ist alles menschliche Wissen, aller menschliche Fleiß, alle menschliche Macht, wenn Gott nicht segnet. Der schlagendste Beweis dafür ist der Materialismus selbst. Denn er hat Alles aufgeboten, um die Erde in ein Paradies umzuschaffen; und sie ist ein Land des Elendes und der Verzweiflung geworden. Und was erst dann, wenn Gott flucht? Kann Gott aber denjenigen segnen, der ihn nicht als Gott anerkennt, der Gott verleugnet, der Gottes Heilsordnung zerstört, der Gottes Gaben und Wohlthaten dazu mißbraucht, um Gott zu beleidigen, der die Materie als seinen Gott anbetet, und ihr als seinem Gotte dient? Ja, Gott kann auch einen Solchen segnen, und mit allen zeitlichen Gütern überhäufen; aber dann ist es eine furchtbare Abschlagszahlung, indem ihm Gott das wenige natürliche Gute, was auch der böseste Mensch noch übt, mit diesem natürlichen Lohne, mit dem Staube der Erde bezahlt, weil er an ihm nichts findet, was er in der Ewigkeit belohnen könnte. Daher der Reichthum, die Auszeichnung, die Lebenslust der Gottlosen in dieser Welt, worauf sie pochen, womit sie sich prahlen, und lästern, daß man desto glücklicher sei, je weniger man sich um Gott bekümmere; die Elenden! die es nicht erkennen, daß eben ihr scheinbares Glück das sicherste Zeichen ihrer ewigen Verwerfung sei. Zugleich ist ihr scheinbarer Segen ein wahrer Fluch; denn ihre Schätze, ihre Ehren vor der Welt, ihre Genüsse lassen sie auch nicht mehr zur Besinnung kommen, um an das Heil ihrer Seele zu denken, und so schwelgen sie fort im Taumel aller Leidenschaften, bis sie mit dem reichen Prasser in der Hölle erwachen.

Aus dem entgegengesetzten Grunde läßt Gott oft seine allerliebsten Kinder in Armuth, in Verachtung, in Leiden und Schmerzen jeder Art durch dieses Leben wandeln, um ihre Verdienste für das ewige Leben zu erhöhen, und sie in der Ewigkeit desto glänzender belohnen zu können; und die Welt bedauert diese Glücklichen, weil sie nicht weiß, was Gott mit ihnen für die wahre und einzige Glückseligkeit beschlossen habe.

Ewig wahr bleibt das Wort von der göttlichen Gerechtigkeit: „Täuschet euch nicht! Gott läßt seiner nicht spotten. Denn was der Mensch säet, das wird er auch ernten. Wer in seinem Fleische säet, der wird auch von dem Fleische das Verderben ernten; wer aber im Geiste säet, der wird vom Geiste das ewige Leben ernten." [1])

Kehre zu den geistigen und übernatürlichen Gütern zurück, g. B.! und du wirst auch zugleich die leiblichen und materiellen Güter wieder erhalten; denn untrüglich ist die göttliche Verheißung: „Suchet zuerst das Reich Gottes und seine Gerechtigkeit, so wird euch dieses Alles hinzugegeben werden." [2])

Ermanne dich also, weise der Materie wieder den Platz an, der ihr gebührt, nämlich den Platz unter deinen Füßen, und herrsche über sie. Ermanne dich, entziehe deinen Leib ihrem Tyrannenjoche, und gib ihm die Würde und den Werth eines heiligen Tempels Gottes zurück, zu dem ihn das Christenthum erhoben, und eingeweiht hat. Ermanne dich, entwinde deinen Geist ihren Sklavenfesseln, und gib ihm sein vernünftiges, selbstständiges, freies Leben zurück, das er mit den Engeln des Himmels gemein hat. Ermanne dich, verachte die Grundsätze, verabscheue die Thaten des Materialismus, erringe dir das Leben, die Rechte und das Erbe der Kindschaft Gottes wieder. Ermanne dich, erinnere dich deines erhabenen Ursprunges, deines erhabenen Berufes, deines erhabenen Endzieles, welche in den drei unendlich inhaltsschweren Worten liegen: Von Gott, durch Gott, zu Gott! und erhebe dich aus dem Staube, in welchem dich der Materia-

---

[1]) Galat. c. VI. v. 8.
[2]) Matth. c VI. v. 33.

lismus niedergedrückt hat. Lebe auf der Erde, aber für den Himmel; in der Zeit, aber für die Ewigkeit; unter den Geschöpfen, aber für Gott: und du wirst im Besitze und Genusse der materiellen, der leiblichen, der geistigen und der übernatürlichen Güter wahrhaft glücklich sein. Wagst du, oder vermagst du diese Umkehr und diese Rückkehr nimmer; nun dann ist auch dieses Wort umsonst gesprochen, und für dich, anstatt ein Rettungswort, eine Grabrede geworden.

Drittes Wort
über den Conservatismus.

Drittes Wort
über den Conservatismus.

Der Liberalismus hat den Materialismus hervorgebracht; der Liberalismus und Materialismus zugleich aber haben die Einsichtsvollen endlich gezwungen, zum Conservatismus ihre Zuflucht zu nehmen, und bei ihm gegen die beiden Erstern Schutz und Rettung zu suchen. Die beiden Ersteren sind, wie wir uns überzeugt haben, zerstörender Natur, und haben die christliche Menschheit bereits dahin gebracht, daß sie, an allen Gütern geschädiget, und selbst in ihrem Dasein bedroht, gegen dieselben auf Leben und Tod zu kämpfen sich genöthiget sieht. Dieser Kampf gegen den Liberalismus und Materialismus, dieses Sträuben gegen die Selbstvernichtung und gegen die Zerstörung alles Bestehenden, dieses Ringen um die Erhaltung des noch Vorhandenen und um die Wiedererlangung des bereits Verlornen wird Conservatismus genannt. Das Werk der Ersteren ist Niederreißen und Zerstören; das Werk des Letzteren ist Erhalten und Aufbauen. Der Conservatismus ist erhaltender Natur. Stellen sich die beiden Ersteren der menschlichen und christlichen Gesellschaft als vernichtende Feinde gegenüber, so steht der Letztere ihr als schützender Freund zur Seite. Der Conservatismus ist also seinem Ursprunge, seiner Natur und seiner Bestimmung nach der unversöhnliche Feind des Liberalismus und des Materialismus zu Gunsten und zur Rettung der Menschheit.

Der Conservatismus ist der letzte Freund, welcher der menschlichen Gesellschaft übrig geblieben, dem sie sich ganz hingeben, und ganz überlassen muß, wenn sie in den Stürmen des empörten Weltmeeres aller Leidenschaften nicht unfehlbar zu Grunde gehen will.

Aber ist wenigstens er, wie er sich gegenwärtig zeigt, ein wahrer Freund, g. B.! dem du trauen darfst? Ist er ein ver=

läßlicher Freund, auf den du bauen kannst? Ist er auch im Stande, dich zu retten? Bevor man sich selbst und all das Seinige Jemanden anvertraut, muß man die volle und klare Ueberzeugung gewinnen, daß es sichere Hände seien, denen man sich und das Seinige übergibt. Kennst du nun den Conservatismus? Weißt du, wie er beschaffen sei, welche Grundsätze ihn beseelen, welche Absichten er hege, welche Ziele er verfolge, welche Mittel er dazu verwende, und was er eigentlich erhalten wolle?

Ich fürchte, dieser Conservatismus, der zu deiner Vertheidigung sich erhoben hat, und gegen deine Todfeinde im Kampfe begriffen ist, sei sich seiner vollen, erhabenen Aufgabe selbst nicht ganz klar bewußt, und trage nichts weniger, als durchaus lautere Bestandtheile in sich. In dieser Besorgniß bestärkt mich der vielseitige Zwiespalt, der in seinen Anhängern bald da, bald dort zu Tage tritt, der schüchterne Muth, mit dem er auftritt, der ungehörige, beschwerende und hindernde Troß, den er mitschleppt, die unkräftigen Mittel, die er anwendet, die Leichtfertigkeit, mit der er nicht selten kämpft, die Nebensachen, für die er sich oft ereifert, und der im Allgemeinen geringe Erfolg, den er erzielt. So streitet man nicht für die Wahrheit, für das Recht, für die Freiheit, für alle Güter der Menschheit; so streitet man nicht in einem Kampfe, in welchem es sich um das Sein oder Nichtsein handelt; und das soll doch die Aufgabe des Conservatismus sein, die er sich selbst gestellt hat, und naturnothwendig stellen muß.

Wie wichtig es daher ist, den Liberalismus aus unserer Mitte hinauszuwerfen, den Materialismus zu vertilgen, und uns selbst zu retten; für eben so wichtig müssen wir es erachten, den Conservatismus, das einzige menschliche Mittel, diesen Zweck zu erreichen, recht zu verstehen, und gehörig zu verwenden. Erwäge daher mit mir den Satz:

Der Conservatismus muß katholisch sein;
und du wirst volle Klarheit über diesen Gegenstand gewinnen, und, wenn du nach diesem klaren Verständnisse handelst, deine sichere Rettung finden.

Dieser Satz mag dich, g. V.! bei dem ersten Anhören befremden, auch unangenehm berühren, und sogar zurückschrecken;

denn ich bin sicher, daß über das Wort „katholisch" dein Verstand sich empört, dein Gemüth in Verwirrung geräth, dein Herz sich aufbäumt, und deine Zunge sich in den Widerspruch löst: Demnach wären nur die Katholiken conservativ, oder sollten und könnten nur sie conservativ sein, und Alles, was nicht katholisch ist, müßte davon ausgeschlossen werden! Das ist unwahr, denn auch Nichtkatholiken sind conservativ, und oft mehr und geschickter, und kräftiger, als viele, ja als die meisten Katholiken; das ist verderblich, denn auf solche Weise berauben wir uns der Mithilfe Aller, welche nicht katholisch sind, machen sie selbst zu unseren Gegnern, und verstärken dadurch unsern gemeinsamen Feind; das ist unmöglich, denn der Feind verheert nicht bloß die katholische Kirche, sondern das ganze Christenthum, und nicht bloß das Christenthum, sondern die ganze Menschheit als solche, und wäre er auch auf unserem Gebiete geschlagen, so erhebt er sich auf andern Gebieten um so gewaltiger, und wird uns dennoch erdrücken. Zudem handelt es sich ja um unzählige Interessen, mit welchen die Religion nichts zu thun hat, und die Jedermann ohne Unterschied des Religionsbekenntnisses vertreten muß, und vertreten kann.

Wenn ein Todtkranker gegen die einzige Arznei, welche ihm das Leben retten kann, auch den größten Widerwillen empfindet, so nimmt er, wenn er vernünftig ist, dieselbe dennoch; und wenn ein tödtlich Verwundeter zur Erhaltung seines Lebens auch Feuer und Eisen anwenden lassen muß, so fügt er sich, wenn ihm das Leben lieb ist, auch dieser schmerzlichen Behandlung, obwohl die ganze Natur sich dagegen sträubt. Daß nun unser ganzes Dasein in den letzten Zügen liege, fühlt Jedermann, der noch bei Trost ist, und gesunde Sinne besitzt; und daß das einzige, aber sichere menschliche Rettungsmittel nur der wahre Conservatismus sei, davon sind ebenfalls Alle überzeugt, welche nicht den allgemeinen Untergang wollen. Es kommt nun darauf an, sich zu versichern, was dieß für ein Conservatismus sei; und ob es nicht ausschließlich derjenige sei, der katholisch ist, das können wir wenigstens ohne Schaden überlegen, und wenn er es ist, müssen wir ihn auch erwählen, wenn wir nur vernünftig sein wollen.

Auch daran, glaube ich, kann Niemand zweifeln, und die Sache ist zu ernst, als daß wir uns durch Vorurtheile sollten hindern lassen, das einzig wirksame Rettungsmittel zu erkennen, und zu ergreifen.

Ich will daher den aufgestellten Satz zu beweisen versuchen, und aus den Beweisen wird sich die Lösung der angeführten Einwendungen von selbst ergeben.

Zur Grundlage meiner ganzen Beweisführung dient mir die unumstößliche Wahrheit: Eigentlich und wahrhaft conservativ ist nur Gott allein. Denn Gott allein ist alles Gute in unendlicher Fülle, ohne Abnahme, ohne Zunahme, ewig und unveränderlich in sich; Gott allein ist der Urheber, der Erhalter und Vollender alles Guten auch außer sich; Gott allein ist der allmächtige und unwandelbare Gegner alles Bösen; Gott allein hält das Gute und das Böse gleichmäßig in seiner Hand, und lenkt Beides unfehlbar zur Erreichung seiner nächsten besonderen Zwecke und seines letzten allgemeinen Zieles. Diese Wahrheiten liegen im wesentlichen Begriffe Gottes. Alle Geschöpfe aber haben den ganzen Grund ihres Seins, ihrer Fortdauer und Vollendung in Gott, so daß sie ohne die Schöpfungsthat Gottes gar nicht wären, und, wie sie ohne dieselbe nicht sein konnten, ohne dieselbe auch nicht fortbauern können; sondern in welchem Augenblicke Gott seine erhaltende Hand von ihnen zurückzöge, unverzüglich in ihr ursprüngliches Nichts zurücksinken müßten; und das gilt nicht bloß von den körperlichen, sondern auch von den geistigen Geschöpfen. Diese Wahrheiten liegen im wesentlichen Begriffe eines Geschöpfes. Es ist also Gott allein conservativ, alle Geschöpfe aber ohne Ausnahme sind schon ihrer Natur nach so hinfällig, daß sie aus sich, und sich selbst überlassen, nicht einen Augenblick lang im Dasein sich erhalten können.

Es gibt ohne Gottes Beistand und Hilfe in den geistigen Geschöpfen keine Thätigkeit, und in den körperlichen Wesen keine Bewegung; es gibt ohne Gottes unterstützende Kraft keine Lebensthätigkeit, keine Handlung, kein Werk, keine That, keine Aeußerung; es ist daher auch in Bezug auf alles Leben und Wirken Gott allein conservativ, alle Geschöpfe aber ohne Ausnahme sind schon ihrer Natur nach so unfähig, sich auch nur als das zu äußern, was sie sind, daß sie aus sich und sich selbst überlassen auch nicht das geringste Zeichen ihres Seins und Lebens hervorbringen können.

Es ist also in den Geschöpfen, wie immer sie heißen mögen, an und für sich keine Spur vom Conservatismus zu finden, sondern sie Alle bedürfen für ihr Sein und Leben, für jede Thätigkeit und Bewegung des erhaltenden und unterstützenden Beistandes des Allmächtigen. Es ist also außer Gott nichts conservativ, und alle Geschöpfe zieht ihr natürlicher Schwerpunkt in das Nichts zurück, aus dem sie genommen sind.

Tragen die geistigen Wesen auch in ihrer Natur den Grund der Unsterblichkeit, weil sie einfach, darum unzersetzbar, daher unverweslich, deßhalb nur durch die Vernichtung zerstörbar sind, zu welcher weder sie selbst, noch andere Geschöpfe die Kraft besitzen: so haben sie doch auch diese Natur und diesen Grund der Unsterblichkeit nicht von sich, sondern von Gott; sie wären in dem Augenblicke vernichtet, in welchem sie Gott nicht auf den Armen seiner erhaltenden Allmacht trüge, und sie sind einzig deßhalb unvergänglich und unsterblich, weil sie Gott unvergänglich und unsterblich geschaffen, und ihnen eine unvergängliche, ewige Bestimmung gegeben hat. Es ist also auch kein erschaffener Geist aus sich und durch sich selbst conservativ, nicht einmal für sich selbst und für sein eigenes Wesen conservativ.

Die körperlichen Wesen führen aber schon in ihrer Natur den Keim der Zerstörung mit sich; denn sie sind zusammengesetzt, darum auflösbar, daher verweslich, deßhalb zerstörbar, und daher von Natur aus hinfällig. Es ist daher auch kein körperliches Wesen aus sich und durch sich selbst conservativ, nicht einmal für sich selbst und für seine eigene Natur conservativ.

Was aber den Keim der Zerstörung in sich trägt, das ist nicht nur nicht conservativ, sondern es zerstört von Natur aus sich selbst und Anderes, was mit ihm die gleiche Natur besitzt. Daher sehen wir, wie jede Thätigkeit und jede Bewegung der körperlichen Wesen mehr oder minder aufreibend, verzehrend und zerstörend wirkt; wie unzählige Einwirkungen der Körper auf Körper die gleichen verwüstenden Folgen nach sich ziehen, wie alles Körperliche altert, und vergeht. Das Alles gilt aber in erhöhtem Grade von der Freithätigkeit des Menschen. Denn wie leicht geschieht es, daß er sich nicht von der Vernunft und von dem Gewissen leiten läßt, sondern seinen Leidenschaften sich hingibt, und nach denselben seine Handlungen einrichtet. Jede Leidenschaft aber wirkt verheerend auf den Leib und auf die Seele, macht jede Handlung, welche von ihr ausgeht, und von ihr geleitet wird, zu einer Handlung des Verderbens, und gleicht einer Vollkugel, welche in dem Augenblick, wo sie platzt, ringsum Alles zerstört. Die Leidenschaften sind es, welche das Familiengut verschlingen, Mann und Weib und Kind an den Bettelstab bringen. Die Leidenschaften sind es, welche Menschen mit Menschen, Familien mit Familien, Gemeinden mit Gemeinden, Völker mit Völkern entzweien, Häuser, Dörfer, Märkte, Städte und Länder verwüsten, stehlen, rauben, morden, und die Blüthe und Kraft der Nationen in grausigen Kriegen dahinraffen. Die Leidenschaften sind es, welche den Leib durch die verderblichsten Krankheiten aufreiben, und die Seele bis zum Wahnsinne verwirren. Die Leidenschaften sind es, welche die zartesten Familienverhältnisse zerstören, und die stärksten Bande der Natur zerreißen. Die Leidenschaften sind es, welche die blühendsten Fluren in Wüsten verwandeln, und die gebildetsten Völker in Barbaren umgestalten. Die Leidenschaften sind es, welche den Menschen zum reißendsten Thiere machen, und ihn dahin bringen, daß er sogar an sein eigenes Leben Hand anlegt. Die Leidenschaften sind es endlich, welche das irdische Paradies in ein Thränenthal verwandelt haben. Wo aber ist der Mensch, der niemals aus Leidenschaft handelt? Wo ist der Mensch, der sich nicht größtentheils von irgend einer Leidenschaft leiten läßt? Diese Leidenschaften bändiget kein menschliches Gesetz, keine menschliche Autorität, kein Kerker und kein Schwert; sie bändiget auch keine natürliche Vernunft und kein natürliches Gewissen; sie bändiget auch keine Erziehung und keine Bildung; sie bändiget keine Kunst und keine Gewalt, wie es uns eine sechstausend=

jährige Erfahrung lehrt. Da kann also von einem wahren, rettenden Conservatismus keine Rede sein.

Es gibt also außer Gott keinen echten Conservatismus, nur Gott allein ist der allmächtige Träger und Erhalter alles dessen, was ist, und was Bestand hat. Wo immer es daher einem Geschöpfe möglich wäre, sich von Gott zu trennen, da müßte Zerstörung und Vernichtung die unmittelbare Folge sein. Ein Geschöpf kann daher nur insofern conservativ sein, als es selbst von Gott gehalten, und getragen wird, und mit Gott verbunden sich selbst und Anderes hält, und trägt.

Das Band aber, welches den Menschen mit Gott vereiniget, und jede Leidenschaft beherrscht, ist die Religion, und zwar keine andere Religion, als die von Gott gewollte, und von Gott in die Menschheit eingeführte, und in der Menschheit unvertilgbar festgestellte Religion. Es ist hier nicht der Platz, und es dient auch nicht zu meinem Zwecke, nachzuweisen, daß diese göttliche Religion allein und ausschließlich die katholische sei, sondern es genügt vollkommen, darzuthun, daß einzig und ausschließlich nur die katholische Religion wahrhaft conservativ sei, den Menschen wahrhaft conservativ mache, und somit den wahrhaften und rettenden Conservatismus herzustellen vermöge; und wer Verstand hat, der wird schon daraus den Schluß ziehen müssen, daß auch nur sie allein und ausschließlich die göttliche Religion sei.

Allein und ausschließlich ist die katholische Religion in sich selbst conservativ. Denn die katholische Religion besitzt Wahrheiten, die Gott geoffenbart; Sittengesetze, die Gott gegeben; Gnadenmittel, die Gott eingeführt; ein göttliches Opfer, das Gott eingesetzt; eine hierarchische Ordnung und Regierungsform, welche Gott festgestellt hat. Nun aber sind alle diese Wahrheiten unwandelbar und unveränderlich, unwandelbar und unveränderlich ist dieses Gesetz, unwandelbar und unveränderlich sind alle diese Gnadenmittel, unwandelbar und unveränderlich ist dieses Opfer, unwandelbar und unveränderlich ist diese hierarchische Kirchenordnung. Es ist auch an allem dem seit dem achtzehnhundertjährigen Bestande der katholischen Kirche zu keiner Zeit und an keinem Orte ein Jota oder ein Tüpflein geändert, oder verwandelt worden, wie dieß ihre Geschichte nachweist, und ihre Gegner selbst bezeugen, indem sie ihr den beständigen Vorwurf machen, daß sie nichts lerne, und nichts verlerne, in nichts nachgebe, jedem Fortschritte feind sei, und sich mit keiner Neuerung versöhnen, oder ausgleichen lasse. Die katholische Kirche ist hierin unveränderlich, in dem veränderlichen Menschen unveränderlich gegenüber jeder List und jeder Gewalt, unveränderlich in jedem Sturme, der sie umtobt, unveränderlich in allen veränderlichen Verhältnissen des Lebens, unveränderlich in der veränderlichen Zeit, unveränderlich in allen Veränderlichkeiten. Darin liegt nun aber der Charakter der Wahrheit, die Eine ist, und sich nicht ändern kann, ohne vernichtet zu werden, während der Irrthum so vielgestaltig ist, wie die menschlichen Leidenschaften, und so veränderlich, wie die Umstände, in welchen er sich bewegt; das ist der Charakter der Göttlichkeit, welche keine Schwankung, keinen Wechsel, keine Wandlung kennt. Was aber keiner Veränderlichkeit und keiner Wandelbarkeit unterworfen ist, das ist conservativ. Die katholische Kirche ist in sich conservativ, wie Gott, weil sie göttlich ist.

Sie ist es aber auch allein und ausschließlich. Denn wo in der Welt gibt es ein Religionsbekenntniß, das keine Veränderung selbst in seinem Wesen erfahren, das zu allen Zeiten und an allen Orten und bei allen Bekennern wenigstens in seinem Wesen unwandelbar dasselbe geblieben wäre? Die Geschichte kennt kein einziges. Wo gibt es in der Welt ein Lehrsystem, das unverändert sich gleich geblieben, ja wo gibt es auch nur eine einzige Wahrheit, welche niemals verleugnet, und aufgegeben worden wäre? Die Geschichte kennt keine einzige. Wo gibt es in der Welt eine Rechtsschule, welche immer dasselbe Recht gelehrt, oder eine Gesetzgebung, die immer dasselbe geboten, und verboten, oder eine Moralphilosophie, welche stets dasselbe Sittengesetz verkündet? Die Geschichte kennt nicht eine einzige. Wo gibt es in der Welt eine Staatsform, die niemals geändert worden, wo eine menschliche Gesellschaft, welche immer dieselben Grundsätze befolgt hätte? Die Geschichte kennt keine einzige. Nur in der katholischen Kirche allein gibt es keine wesentliche Aenderung, und darum ist sie allein und ausschließlich conservativ.

Das ganze Wesen der katholischen Kirche ist darauf hingerichtet, jede Wahrheit in ihrer Reinheit zu bewahren, und allen Irrthum fern zu halten, jedes Recht zu schützen, und alles Unrecht zu beseitigen, jedes Gute zu pflegen, und alles Böse zu vertilgen, jedes Gewissen zu beruhigen, jedes Herz zu befriedigen, alle Menschen wahrhaft glücklich zu machen, und zwar nicht nach menschlichen Ansichten und Meinungen, sondern nach der göttlichen Heilsordnung, deren Trägerin sie ist, und mit göttlicher Autorität, der sich der Papst, wie der letzte Gläubige, der höchste Monarch, wie der niedrigste Unterthan mit gleicher Verpflichtung und mit gleicher Verantwortlichkeit vor Gott fügen müssen. Da steht Alles auf unerschütterlichen Grundsäulen, die nichts zum Wanken bringt, und auf dem unbeweglichen Felsen, den nach göttlicher Verheißung kein Sturm zu entwurzeln, zu zerbröckeln, oder umzustürzen vermag. Und wäre es nicht so, so würde sie eben nichts Göttliches an sich haben und, wie jedes andere Menschenwerk, in sich selbst zerfallen.

Die katholische Kirche hält an dieser göttlichen Heilsordnung fest, was immer kommen mag. Ihre Geschichte von achtzehnhundert Jahren gibt ihr das Zeugniß dafür. Man hat ihre Wahrheit mit allen Spitzfindigkeiten der Wissenschaft bekämpft: sie hat sie festgehalten. Man hat ihre Sittengesetze mit entgegengesetzten Staatsgesetzen zu verdrängen gesucht: sie hat kein einziges aufgegeben. Man hat ihr die Spendung der Heilsmittel untersagt: sie hat dieselbe niemals unterbrochen. Man hat ihr jedes Plätzchen unter der Sonne entzogen, um das göttliche Opfer darzubringen: sie hat dasselbe in den Katakomben dargebracht. Man hat ihr jedes öffentliche Recht versagt, und sie in der öffentlichen Gesellschaft geächtet: sie hat sich in die Familienkreise, in das Innerste der Menschenherzen, in die Wälder, in die Wüsten zurückgezogen. Man hat sie geschmäht, verachtet, beraubt, eingekerkert, blutig geschlagen, verbannt: sie hat deßhalb von ihrem göttlichen Schatze kein Stäublein preisgegeben. Es sind einzelne Menschen und Familien, ganze Gemeinden und Völker in Widerspenstigkeit und Empörung von ihr abgefallen: sie hat sie mit Schmerz und Trauer entlassen, aber an der ihr von Gott anvertrauten Hinterlage der göttlichen Religion nicht das Mindeste geändert, um dadurch diesen Abfall zu verhindern. Wo gibt es anderswo auch nur ähnliche Kämpfe, Leiden und Opfer, um eine Wahrheit, ein Gesetz, eine Lebensweise aufrecht zu erhalten? Die katholische Kirche ist allein und ausschließlich conservativ in sich selbst; sie macht aber auch jeden Menschen, der ihr sich vollends hingibt, wahrhaft katholisch ist, und lebt, eben so wahrhaft conservativ, wie sie es selbst ist.

Um wahrhaft katholisch zu sein, und katholisch zu leben, genügt es nicht, daß man getauft sei, daß man dem äußern Verbande der katholischen Kirche angehöre, daß man vor der Welt den Namen eines katholischen Christen in Anspruch nehme, daß man an katholischen Versammlungen sich betheilige, daß man dem katholischen Gottesdienste beiwohne, daß man die katholische Kirche und die katholischen Interessen in Wort und Schrift vertheidige: das Alles können auch Solche leisten, welche äußerlich übertünchten Gräbern gleichen, innerlich aber voll der Todtengerippe, der Fäulniß und des Moders sind. Der wahre und echte Katholik kennt alle Wahrheiten, welche seine Kirche zu glauben vorstellt, unterwirft ihnen seinen Verstand, und macht sie zur unfehlbaren und unabänderlichen Richtschnur seines ganzen Denkens und Urtheilens. Der wahre und echte Katholik kennt alle Sittengesetze, welche von seiner Kirche zur Beobachtung vorgelegt werden, unterwirft ihnen seinen Willen, und macht sie zur unfehlbaren und unabänderlichen Richtschnur seines ganzen Begehrens und Verabscheuens. Der wahre und echte Katholik beherrscht und regiert nach diesen Wahrheiten und nach diesen Gesetzen mittelst der göttlichen Gnadenmittel alle Gefühle seines Herzens, ordnet nach denselben alle Worte seines Mundes, und richtet ihnen gemäß alle Handlungen seines Lebens ein. Der wahre und echte Katholik kennt alle Heilsmittel der göttlichen Religion, welche seine Kirche bietet, um den Menschen vermittelst der heiligmachenden Gnade zum übernatürlichen Leben der Kinder Gottes zu erheben, zum Erben des Himmels zu machen, und in diesem Zustande zu erhalten; er kennt den rechten und würdigen Gebrauch dieser Heilsmittel, und gebraucht sie auch wirklich, wie, wann und wo ihn seine Kirche dazu anweist. Die katholische Religion durchdringt und umfaßt das ganze innere und äußere Leben, den ganzen Menschen; und ein solcher Mensch, welcher auf diese Weise von dieser Religion durchdrungen ist, beherrscht, und geleitet wird, ist wahrhaft katholisch, lebt wahrhaft katholisch, und ist ein wahrer Katholik. Er wird und muß aber deßhalb ebenso unerschütterlich und unveränderlich conservativ sein, wie seine Religion, wie seine Kirche.

Denn in dem Augenblicke, wo er von allem dem Etwas aufgäbe, und in dem Grade, als er es aufgäbe; würde er auch aufhören, katholisch zu sein, wie dieß in der Natur der Sache liegt, und daher sich von selbst versteht. Denn wer auch nur eine Wahrheit aufgibt, verleugnet dadurch die Autorität, die sie ihm verkündet, die Kirche und Gott selbst, kann diese Autorität folgerichtig auch für keine andere Wahrheit mehr in Anspruch nehmen, und begeht somit denselben Frevel, als wenn er alle Wahrheiten aufgeben würde. Wer Ein Gesetz übertritt, der verleugnet dadurch die Autorität, welche ihm dieses Gesetz vorschreibt, die Kirche und Gott selbst, kann diese Autorität folgerichtig auch für kein anderes Gesetz mehr anerkennen, und begeht einen solchen Frevel, als wenn er alle Gesetze übertreten würde, wie geschrieben steht: „Wer das ganze Gesetz hält, aber nur Ein Gebot übertritt, der verschuldet sich an allen. Denn der gesagt hat: Du sollst die Ehe nicht brechen, hat auch gesagt: Du sollst nicht tödten. Wenn du nun die Ehe nicht brichst, aber tödtest, so bist du ein Uebertreter des Gesetzes."[1] Wer Ein nothwendiges Heilsmittel aufgibt, verleugnet damit die Spenderin aller Heilsmittel, die Kirche, und die Quelle aller Heilsmittel, Gott selbst, kann folgerichtig diese Gnadenspenderin, diese Gnadenquelle für kein anderes Heilsmittel mehr in Anspruch nehmen, und begeht dadurch einen solchen Frevel, als wenn er alle Heilsmittel aufgeben würde. Wer an dem göttlichen Erlösungsopfer keinen Antheil nimmt, der entsagt den Erlösungsgnaden, und bleibt von der Erlösung ausgeschlossen. Wer der katholischen Kirche nicht gehorcht, und von ihr sich

---

[1] Jacob. c. II. v. 10. 11.

nicht leiten läßt; dem gilt das Wort des göttlichen Stifters dieser Kirche, des Gottmenschen, des ewigen Richters über die Lebendigen und die Todten: „Wenn er aber die Kirche nicht hört, so sei er dir wie ein Heide und öffentlicher Sünder."[1] Wer auf solche Weise das übernatürliche Leben der Kindschaft Gottes an sich selbst vernichtet hat; der ist, so lange er in diesem Zustande bleibt, ein todtes Glied am heiligen Leibe der Kirche, und kann eben so wenig conservativ sein, als der Tod, die Fäulniß und der Moder. Nun aber gibt es Menschen, die nicht nur Eines von allem dem, sondern Alles von sich geworfen haben, und von dem Katholizismus nichts mehr, sondern alles Gegentheilige an sich tragen, heute an der Spitze der Liberalen und der Materialisten die Menschheit verwüsten, mit dem bittersten Hasse gegen ihre eigene Mutter, gegen die katholische Kirche, wüthen, und derjenigen den Dolch in das Herz stoßen, von welcher sie geboren worden, und nichts als Wohlthaten empfangen haben, und sich dennoch Katholiken nennen. Von diesen Unglücklichen gilt das Wort des Apostels der Liebe: „Schon jetzt sind Viele Widerchristen geworden. Sie sind von uns ausgegangen, aber sie waren nicht von uns; denn wenn sie von uns gewesen wären, so würden sie bei uns geblieben sein; aber an ihnen zeigt es sich, daß nicht Alle von uns seien."[2] Die nicht von uns sind, die nicht mehr glauben, nicht mehr halten, was sie in der Taufe, bei dem Eintritte in die katholische Kirche geschworen haben, sind Abtrünnige, sind Meineidige, sind Feinde, und können nicht mehr unter die wahren und echten Katholiken gezählt werden. Der wahre und echte Katholik hält, was er geschworen hat, und lebt als Katholik, was es auch kosten mag.

Denn er weiß, daß Gott, wenn er den Menschen Wahrheiten offenbart, den festen Glauben an dieselben; wenn er den Menschen Gesetze vorschreibt, deren Befolgung; wenn er ihnen Gnadenmittel spendet, deren Gebrauch; wenn er sie zum übernatürlichen Leben erhebt, dessen Erhaltung; und wenn er ihnen eine Kirche gibt, die Unterwerfung unter deren Autorität fordern

---

[1] Matth. c. XVIII. v. 17. [2] I. Joann. c. II. v. 18. 19.

müsse, und sich in dem Allem nicht selbst verachten lassen könne. Er weiß, daß von dem rechten Gebrauche, Mißbrauche oder Nichtgebrauche seine ewige Seligkeit oder seine ewige Verdammniß abhänge. Dieses Bewußtsein, diese Ueberzeugung und die Kraft der Gnade erheben ihn über Alles, was ihn Angenehmes oder Unangenehmes davon abhalten könnte. Daher sehen wir, wie die wahren und echten Kinder der heiligen Kirche zu allen Zeiten kein Haar breit weichen von dem, was ihr Glaube von ihnen fordert. Man verhöhnt sie, man verleumdet sie, man verfolgt sie, man unterdrückt sie, man beraubt sie ihrer Rechte und ihres Vermögens, man schlägt sie in Bande, man wirft sie in Kerker, man martert sie, man tödtet sie; aber sie verleugnen weder ihren katholischen Glauben, noch ihr katholisches Leben. Solche Kinder hat die katholische Kirche zu allen Zeiten gehabt und hat sie heute noch, wie es deren Martyrium in Japan, in Cochinchina, in Korea, in Europa bezeugt. Das sind die wahren und echten Katholiken, und an ihnen erweist es sich, wie die katholische Religion den Menschen conservativ macht, daß er als Kind der Ewigkeit über der Zeit, als Erbe des Himmels über der Erde, als der aus Gott Geborne und in Gott Lebende über allen Ereignissen der Vergänglichkeit und Veränderlichkeit steht, und durch keine List betrogen, durch keine Gewalt gebrochen, durch keinen Kampf ermüdet, durch kein Leiden erweicht, durch kein Opfer erschöpft, und durch keine Todesart überwunden werden kann. Wo gibt es unter der Sonne etwas Gleiches oder Aehnliches? Jedes andere Religionsbekenntniß ist seinem Wesen nach Abfall, Verneinung und Widerspruch: folglich Auflösung, Zerstörung und Vernichtung. Daher ist auch keines im Stande, dem Menschen einen conservativen Charakter zu geben, und daher sehen wir, wie nicht Einer dasselbe glaubt, was der Andere glaubt, nicht Einer für recht und schlecht hält, was der Andere dafür ansieht, nicht Einer lebt, wie der Andere lebt; wie Alles unsicher ist, schwankt, und in Verfall geräth, nur insoweit sich fortschleppt, als es von der eben vorhandenen Staatsgewalt getragen wird, und so oftmals Wandlungen erfährt, als seine Trägerin sich ändert. Da ist keine Spur von wahrem Conser=

vatismus zu finden. Der wahre und echte Katholik ist also allein und ausschließlich wahrhaft conservativ.

Die katholische Kirche ist nicht nur conservativ in sich selbst, und macht nicht nur ihre wahren und echten Kinder conservativ in Bezug auf die göttliche Religion; sondern sie ist mit ihren Kindern auch der einzig wahre Conservatismus der Welt in Bezug auf das ganze gesellschaftliche Leben und auf alle geistigen und materiellen Güter der Völker und Staaten.

Denn der wahre nnd echte Katholik kann und darf keine doppelte und entgegengesetzte Rolle spielen; er kann und darf nicht als Bürger, als Soldat, als Gelehrter, als Staatsmann, als Fürst anders denken, urtheilen, wollen, sprechen, und handeln, als wie es ihm seine Religion vorschreibt; er kann und darf nicht als Mensch für wahr halten, was er als Katholik für falsch anerkennt, oder für falsch ansehen, was er als Katholik für wahr hält; er kann und darf nicht als Mensch für recht halten, was er als Katholik für unrecht erkennt, oder für unrecht ansehen, was er als Katholik für recht hält; er darf nicht als Mensch anders reden, als er als Katholik zu reden sich verpflichtet fühlt; er darf nicht als Mensch anders handeln, als er als Katholik zu handeln verbunden ist; er darf nicht als Mensch anders leben, als er als Christ zu leben die Vorschrift hat. Eine solche Zweideutigkeit würde seinen katholischen Charakter zerstören, seine Religion verletzen, seine Kirche schänden, und ihn zum Verbrecher machen. Geburt, Alter, Geschlecht, Stand, Geschäft, Amt, Würde, Macht, Gegenstände, Verhältnisse können daran nichts ändern; mit dem Katholiken muß eben Alles katholisch sein, oder er verleugnet sich selbst und sein göttliches Religionsbekenntniß; er muß nicht bloß in seinem religiösen, sondern auch in seinem ganzen bürgerlichen und gesellschaftlichen Leben immer, überall, in Allem und durchaus conservativ sein, weil seine Religion Alles umfaßt, durchdringt, ordnet, und leitet, und nicht das Mindeste ihrem Einflusse sich entziehen läßt. Der Katholik ist es also, der niemals lügt, und so die Wahrheit aufrecht erhält; der Katholik ist es, der niemals unrecht thut, und so jedes Recht stützt; der Katholik ist es, der keine Pflicht verletzt, und so die

Ordnung wahrt; der Katholik ist es, der Freund und Feind liebt, und so die Eintracht und das Wohl Aller schützt und fördert. Die Wahrheit, das Recht, die wechselseitige Eintracht, die Ordnung und Liebe aber sind die Grundpfeiler der bürgerlichen Gesellschaft und des Staates. Der wahre und echte Katholik also ist es, welcher auch den bürgerlichen und gesellschaftlichen Conservatismus herstellt, und erhält.

Wer ordnet mit göttlicher Autorität und mit göttlichen Gnadenmitteln das leibliche, geistliche und übernatürliche Leben des Menschen, daß es einheitlich und harmonisch nach dem zeitlichen und ewigen Ziele strebt, und dasselbe auch wirklich erlangt? Die katholische Kirche allein. Wer hält mit göttlicher Autorität die drei Grundsäulen der Familiengesellschaft: Die Heiligkeit, die Einheit, die Unauflösbarkeit der Ehe, auf welchen Gott sie gegründet, unerschütterlich aufrecht, und bewahrt ihr das göttliche Siegel des Sakramentes, mit welchem sie Christus befestiget, und geschmückt hat, unversehrt und unverletzt gegen jede zerstörende Leidenschaft, auch gegen jede feindliche Gesetzgebung weltlicher Gewalten? Die katholische Kirche allein. Wer ordnet mit göttlicher Autorität die Rechte und Pflichten zwischen dem Gatten und der Gattin, zwischen den Eltern und den Kindern, zwischen den Hausherren und den Hausgenossen, zwischen den Dienstgebern und den Dienstboten, zwischen den Vorgesetzten und Untergebenen? Die katholische Kirche allein. Wer weist mit göttlicher Autorität den Regenten wie ihre Rechte so auch ihre Pflichten an, und fordert von ihnen, daß sie jene nicht mißbrauchen oder überschreiten, diese beobachten und erfüllen? Die katholische Kirche allein. Wer sichert mit göttlicher Autorität auch den Völkern ihre Rechte, verbindet sie aber auch zum Gehorsame, und bezeichnet ihnen die Grenze des Gehorsams? Die katholische Kirche allein. Wie lange die Regenten wahrhaft und echt katholisch sind, so lange gibt es keine Tyrannen; und wie lange die Völker wahrhaft und echt katholisch sind, so lange gibt es keine Empörungen. Wer hält mit göttlicher Autorität Fürsten gegen Fürsten, Völker gegen Völker im Zaume, daß nicht die Schwächeren von den Stärkeren überfallen, unterjocht, und unterdrückt werden? Die katholische Kirche allein. Wer regelt mit göttlicher Autorität die Verhältnisse zwischen den Reichen und den Armen, und bewirkt, daß der Reiche seine Güter nach dem Willen Gottes gebrauche, in dem Armen seinen Bruder erkenne, und ihn mit allem Nöthigen unterstütze; daß der Arme den Reichen nicht beneide, ihm für seine Gaben dankbar sich erweise, und mit seinem Schicksale zufrieden sei? Die katholische Kirche allein. Wer erzieht und bildet in göttlicher Sendung und mit göttlicher Autorität die ganze Menschheit, und bewahrt den Verstand vor verderblichen Irrthümern, den Willen vor unsittlichen Verirrungen, und wer hat die göttlichen Mittel, alle Leidenschaften zu bändigen, und das ganze innere und äußere Leben nach dem Willen Gottes zu ordnen? Die katholische Kirche allein. Wer schützt und vertheidiget mit göttlicher Autorität die Ehre, die Freiheit, das Eigenthum, Leib und Leben jedes Einzelnen; wer verdammt den Geiz wie die Verschwendung, und gebietet Freigebigkeit und Mäßigkeit? Die katholische Religion allein. Wer besitzt die göttlichen Mittel, jedes Gewissen zu beruhigen, jedes Herz zu befriedigen, jedes Leiden zu trösten, heroische Tugenden zu üben, und dem Tode selbst allen Schrecken und alle Bitterkeit zu benehmen? Die katholische Kirche allein. Wer ist die göttliche Trägerin der wahren Civilisation, ohne welche alle Völker in der wildesten Barbarei schmachteten, und derselben unfehlbar wieder verfallen, wie dieß die Weltgeschichte lehrt? Die katholische Kirche allein. Und wenn in nichtkatholischen Völkern von dem Allem Viel oder Wenig noch vorhanden ist; so haben sie es einzig dem zu verdanken, was sie aus der katholischen Kirche mit sich hinausgenommen, oder derselben entlehnt haben. Wer ist also einzig und ausschließlich wahrhaft conservativ? Die katholische Kirche. Der Grund dessen aber liegt darin, weil sie allein die göttliche Heilsordnung und die göttliche Weltordnung ist, nach welcher Gott die Menschheit regieren, und segnen will; weil sie allein die göttlichen Mittel besitzt, diese Absicht Gottes durchzuführen, und diesen von Gott gesetzten Zweck zu erreichen; und weil sie die alleinige Verwalterin des ganzen Erlösungswerkes des göttlichen Weltheilandes ist, durch welchen die Menschheit von allen zeitlichen und ewigen Uebeln erlöst werden soll. Wäre die ganze Menschheit wahrhaft und echt katholisch, so würde die Erde sofort wirklich wieder in ein Paradies umgewandelt werden. Die katholische Kirche allein kann daher den wahren, rettenden und Alle beglückenden Conservatismus in der Welt herstellen. Katholisch und conservativ sind somit gleichbedeutend, und der wahre Conservatismus muß wahrhaft katholisch sein.

Diese Wahrheit bestätiget auch die Geschichte aller Völker. Denn in Ländern, welche von den Heiden bewohnt sind, reicht ein blutiger Aufstand dem andern die Hand, herrscht ein beständiger Krieg, regiert immer nur das Recht des Mächtigeren mit Tyrannengrausamkeit, und sind alle Güter der Menschheit und selbst das Leben jeden Augenblick in Gefahr. Verhältnißmäßig gilt dasselbe von den Völkern, in welchen der Islam herrscht, wie auch von jenen Nationen, welche sich zwar christlich nennen, aber nicht katholisch sind, und zwar in dem Grade, in welchem sie weniger von dem Katholicismus besitzen, und weiter sich von der katholischen Kirche entfernen. Wo aber ein nicht katholisches Reich je zu Ansehen, Macht und Wohlstand gelangt, geschieht es entweder, um deren Fürsten und Völker für ihre natürlichen Tugenden mit natürlichen Gütern zu belohnen, weil sie der ewigen Güter nicht theilhaft werden können, und der höchst gerechte Gott nichts Gutes unbelohnt läßt; oder weil Gott sie zur festgesetzten Zeit gebrauchen will, die katholischen Fürsten und Völker für ihre Sünden zu züchtigen. Wo endlich das katholische Leben ganz abhanden gekommen ist, wie in vielen Gegenden Asiens und Afrika's, da setzte sich von dem Augenblicke an in den früher so blühenden Ländern die Wildniß und in den früher so gebildeten Völkern die Barbarei fest, und dieß währt genau so lange, bis die katholische Kirche wieder Eingang findet, und ihre Wirksamkeit entfaltet. Auch in den katholischen Ländern treten dieselben Erscheinungen zu Tage, und zwar ebenfalls genau in dem Grade, als das wahre und echte katholische Leben blüht, oder in Verfall geräth, wie wir dieß auch heute mit unseren Augen sehen. Wer kann da noch zweifeln, daß der wahre Conservatismus, in geistiger, wie in materieller Beziehung, in seiner vollsten Bedeutung und Ausdehnung einzig nur in der katholischen Kirche zu finden sei?

Diese Wahrheit beweisen endlich die Feinde alles Bestehenden selbst. Denn in der Ueberzeugung, daß die Fürsten nicht entthront, die Völker nicht vernichtet, und so ihre Umsturzpläne nicht ausgeführt werden können, so lange Fürsten und Völker wahrhaft katholisch sind; haben sie alle Hebel der Zerstörung an die katholische Kirche angesetzt, um sie aus den Palästen wie aus den Hütten zu verdrängen. Sie haben viele Verschwörungen ausgebrütet, die blutigsten Empörungen angefacht, die grausamsten und langwierigsten Bürgerkriege geführt, Fürsten abgesetzt, und sich selbst an das Ruder der Regierung gesetzt; aber ihr ganzes verwegenes Werk scheiterte jedesmal an den katholischen Grundsätzen, welche in den Völkern ihnen Widerstand leisteten, und selbst in nichtkatholischen Ländern immer und überall wenigstens noch in Bruchstücken vorhanden waren. Sie haben aus der Erfahrung gelernt, daß sie vor Allem die katholische Kirche ausrotten müßten, wenn sie ihre Umwälzungs- und Zerstörungspläne wirksam durchführen wollten. Daher sehen wir sie nun, wie auf ein verabredetes und gegebenes Feldzeichen, in allen Ländern zu gleicher Zeit mit denselben Mitteln die Vertilgung der katholischen Kirche anstreben. Daher das unablässige Wuthgeschrei gegen dieselbe; daher die maßlosen Lügen und Verleumdungen über dieselbe; daher der Raub ihrer Güter; daher die feindlichen und zerstörenden Gesetze, welche die Gesellschaft, die Familie, die Schule nicht nur der katholischen Kirche entziehen, sondern vollends entchristlichen sollen, weil es ihnen nicht genügt, nur die katholische Kirche als solche auszurotten, sondern weil sie auch alle katholischen Grundsätze, von welchen sich viele in allen Glaubensbekenntnissen vorfinden, welche sich christlich nennen, aus der Welt schaffen wollen. Ihr Krieg gilt dem ganzen Christenthume, von welchem nur so viel in der Welt sich befindet, als von der katholischen Kirche genommen worden ist; denn es konnte weder vor der katholischen Kirche noch neben derselben ein anderes Christenthum geben; und man kann nur entweder das ganze Christenthum, oder Bruchstücke desselben haben. Hat man das ganze und unvermischte Christenthum, so ist man eben katholisch; hat man nur Bruchstücke desselben, oder eine Mischung mit Fremdartigem: so kann man zwar nicht mehr katholisch sein, aber man kann sich von diesen christlichen Bruchstücken und von Christus, an dessen göttliche Person man noch glaubt, immerhin noch christlich nennen. Wo immer sie nun eine Spur von der katholischen Kirche und nur irgend ein Bruchstück des Christenthums finden, da wird dagegen gekämpft. Gibt es eine katholische Wahrheit, die sie nicht leugnen? Gibt es ein katholisches Sittengesetz, das sie nicht mit Füßen treten? Gibt es ein katholisches Gnadenmittel, das sie nicht verachten? Gibt es ein katholisches Heiligthum, das sie nicht entweihen? Gibt es eine katholiche Autorität, die sie nicht verhöhnen? Lästern sie nicht in Wort und Schrift Jesus Christus, den göttlichen Stifter der Kirche, den Gottmenschen, den Welterlöser selbst, um sein Erlösungswerk vom Grunde aus zu zerstören? Noch mehr. Sie begreifen, daß die katholische Religion ein göttliches Werk, und daß dieses Gotteswerk aus der Menschheit nicht vertilgt werden könne, wenn dem Menschen nicht Gott selbst entfremdet wird. Daher haben wir aus ihrem Munde die unmenschliche Lästerung hören müssen: „Die Menschheit kann nicht glücklich werden, bis Gott selbst aus der Welt geschafft ist". Sie haben auch erkannt und begreifen, daß Gottes Erkenntniß und Gottes Verehrung nicht aus der Welt geschafft werden können, so lange die menschliche Natur selbst nicht zerstört ist; weil der Mensch schon von Natur aus gottesfürchtig, ja christlich ist. Sie haben es daher unternommen, selbst die menschliche Natur zu leugnen, und verkünden den erstaunten Adamskindern, daß sie nicht Menschen seien, wie sie sich seit sechstausend Jahren dafür gehalten haben, sondern zum Affengeschlechte gehören, und sie leben der festen Hoffnung, die Menschheit werde sich endlich dazu bereden lassen, wie sie sich nach und nach dem copernikanischen Sonnensysteme anbequemt hat. Sie haben darüber Lehrsysteme aufgestellt, und zahlen Professoren dafür, daß sie hierin die Jugend unterrichten; sie haben Wanderlehrer angestellt, welche diese Lehre von Land zu Land, von Stadt zu Stadt tragen sollen; und weil alle diese Mittel wenigstens in den Massen doch noch nicht den erwünschten Zweck zu erreichen scheinen, haben sie zugleich ein allgemeines, systematisches Sittenverderbniß damit in Verbindung gesetzt, in der ganz richtigen Berechnung, daß, wenn der Mensch einmal moralisch verdorben, und zu Grunde gerichtet ist, er sich mit Freuden an jene Lehre anklammern werde, welche ihm alle Laster erlaubt, und zugleich sein Gewissen darüber beschwichtiget, indem er als Thiergattung keine Unsterblichkeit, kein Gericht, keine Hölle mehr zu befürchten habe. Sieh da, wie die Umsturzmänner dir zeigen, daß nur die katholische Kirche Rettung bietet.

Wird es noch nicht helle, g. V.! schauerlich helle vor deinen Augen, daß du den Abgrund sehest, welcher unter deinen Füßen gegraben wird? Oeffnest du noch nicht deine Ohren, damit du das umsturzdrohende Rollen aus den Tiefen der Hölle vernehmest? Hast du kein Herz mehr, um vor solchen Greueln, welche an dir und an deinen Kindern begangen werden, zu erzittern? Hast du keinen Verstand mehr, um einzusehen, welchen vernichtenden Frevel eine Hand voll Menschen, die aber große Gewalt und eine ihr gleiche unverschämte Frechheit besitzen, im Bunde mit dem Feinde der menschlichen Natur an Allem, was du bist, und was du besitzest, mit ganz unerhörter Grausamkeit verüben? Gegen diese Ungeheuer schützt dich kein Fürst, kein Gesetz, kein Recht, kein Gericht, kein Kriegsheer, keine Macht auf Erden mehr; denn alle diese Schutzmittel sind selbst bedroht, sind selbst schon vielfach in der Gewalt des Feindes, und in seiner Hand Waffen gegen dich geworden. Wer wird und kann da Widerstand leisten? Nur der wahre und echte Katholik. Was kann und wird da noch den Sieg erringen? Nur die katholische Kirche. Sie ist die Schutz- und Trutzwaffe, die man dir aus den Händen zu winden sich bemüht, um dich dann zu vernichten. Willst du gerettet werden, so halte um jeden Preis diese Waffe fest; bleibe, oder werde wahrhaft und echt katholisch. Dein Feind selbst ruft dir diese Wahrheit mit Mark und Bein durchzuckenden Worten nnd Thaten an's Herz.

Diesen, aus der Natur der Sache genommenen, Beweisen und diesen welterschütternden Thatsachen gegenüber scheint es nun überflüssig geworden, auf die Eingangs erwähnten Einwendungen etwas Anderes zu erwidern, als: In der Sündfluth gewährt keine Hütte, kein Palast, keine Burg, keine Bergesspitze, sondern einzig nur die Arche Rettung. Wer sie nicht erreicht, und in ihr nicht verbleibt; der wird von den Gewässern verschlungen.

Sieh, g. B.! was man dir zu entfremden, was man dir verdächtig und verhaßt zu machen, wovon man dich für immer zu trennen sucht, das allein ist deine Rettung, die katholische Kirche. Denn die katholische Kirche erhebt durch ihre göttlichen Gnadenmittel den Menschen über sich selbst; sie beseelt ihn mit übernatürlichem Muthe; sie erfüllt ihn mit göttlicher Kraft; sie vereiniget ihn mit Gott, daß er mit Paulus sagen kann: „Ich vermag Alles in dem, der mich stärkt";[1]) sie gibt ihm Gott zum Bundesgenossen in diesem Kampfe, und macht ihn darum unüberwindlich. Sie hat alle Stürme überdauert, und immer wieder über den Gräbern ihrer Feinde sieggekrönt und triumphirend ihr Haupt erhoben. Will man daher Throne und Reiche erhalten, in Ruhe und Frieden glücklich leben; so muß man wahrhaft und echt katholisch werden. Will man Kunst und Wissenschaft wieder zu Ansehen bringen, und zum Nutzen und zur Zierde der Menschheit pflegen; so muß man wahrhaft und echt katholisch werden. Will man eine geordnete, öffentliche Gesellschaft, will man eine geordnete Jugend- und Kindererziehung; so muß man wahrhaft und echt katholisch werden. Will man geordnete Zustände in Handel und Wandel, so muß man wahrhaft und echt katholisch werden. Will man alle seine Interessen wahren, alle Güter der Menschheit sichern und sein eigenes Dasein behaupten; so muß man wahrhaft und echt katholisch werden. Wir steuern mit vollen Segeln der Barbarei entgegen, nichts vermag den Winden und Wogen zu gebieten, und das Schifflein der Gegenwart zu retten, als die katholische Kirche; und wer sie verläßt, an sie sich nicht anschließt, an ihr sich nicht festhält, der ist rettungslos verloren. Sie allein hat die göttliche Bürgschaft: „Die Pforten der Hölle werden sie nicht überwältigen".[2])

---

[1]) Philip c. IV. v. 13.   [2]) Matth. c. XVI. v. 18.

Die Pflicht der Selbsterhaltung fordert es, daß Jedermann zu dieser Fahne flüchte; die Pflicht der Nächstenliebe gebietet es, daß man alle Mitbürger und alle Mitmenschen zu dieser Fahne rufe; und die Pflichten der Selbsterhaltung und der Nächstenliebe zugleich erheischen es, daß man diese Fahne hoch halte, und um so höher halte, je mehr sie von dem gemeinschaftlichen Feinde verhöhnt, verachtet, und verfolgt wird. Eine Fahne in der Tasche, sagt das Sprichwort, ist weiter nichts, als ein Taschentuch; zur Fahne wird sie erst dann, wenn sie von des Mannes Hand aus den Fesseln der Menschenfurcht gelöst, von der Kampfeslust in den Lüften entfaltet, von der Unerschrockenheit dem Feinde entgegengetragen, von der Tapferkeit gegen alle Angriffe vertheidiget, und von der Heldenkraft zum Siege geführt wird. Ein Volk, welches dazu entweder die Einsicht, oder den Willen, oder die Kraft nicht mehr besitzt, ist auch nicht mehr werth, daß es lebe; es wird in der furchtbaren Geisterschlacht, die jetzt geschlagen wird, unter den Trümmern alles Bestehenden begraben werden, und an dem Triumphe, welchen die katholische Kirche über diesen Ruinen der Gottlosigkeit, der Unsittlichkeit, der Lüge, der Lästerung, des Unrechtes, der Sakrilegien feiern wird, keinen Antheil mehr haben.

Weil nun, g. B.! dein Blut in meinen Adern schlägt, weil deine Liebe in meinem Herzen glüht, weil dein Wohl die Seele aller meiner Wünsche ist, weil dein Ruhm mein ganzes Wesen begeistert, weil dein Leben mein Leben lebt, weil dein zeitliches und ewiges Heil meine Seligkeit ausmacht; darum erschrecken mich deine Feinde, darum zittere ich über deine Gefahren, darum schaudert mich vor deinem Untergange. Daher rufe ich dir mit dem ganzen Ungestüme meiner Liebe warnend und mahnend in das Ohr und in das Herz: Rette dich, und rette dich in die katholische Kirche! Höre dieses Wort, und befolge es; dann habe ich dein Leben, deinen Sieg und deinen Triumph gesprochen.